KAMPENWAND
VERLAG

ZUM
KNI
PSEN
REICH
TS

Franz Zwerschina & Rafael Bettschart

ZUM KNIPSEN REICHTS*

Der etwas andere Fotografie Ratgeber

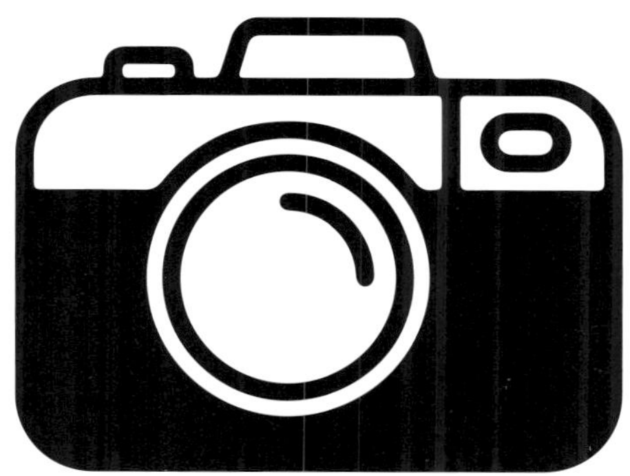

*Kann Spuren von didaktischer Präpotenz enthalten

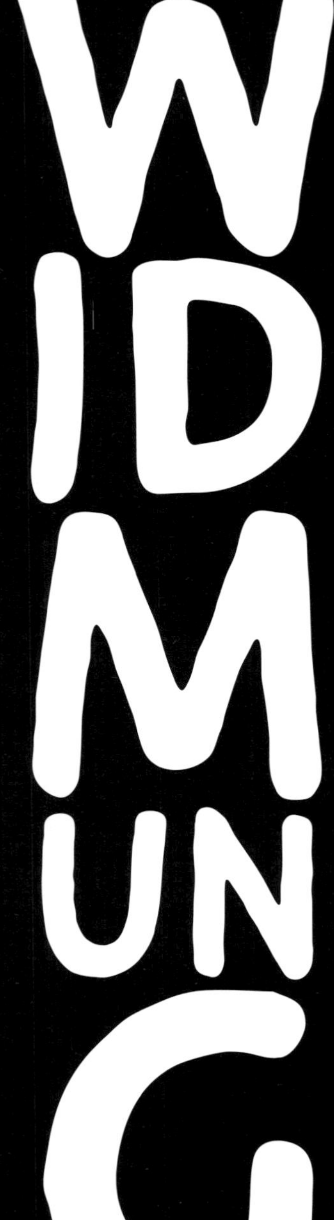
W
ID
M
UN
G

Dieses Buch ist Greti Schwab gewidmet.

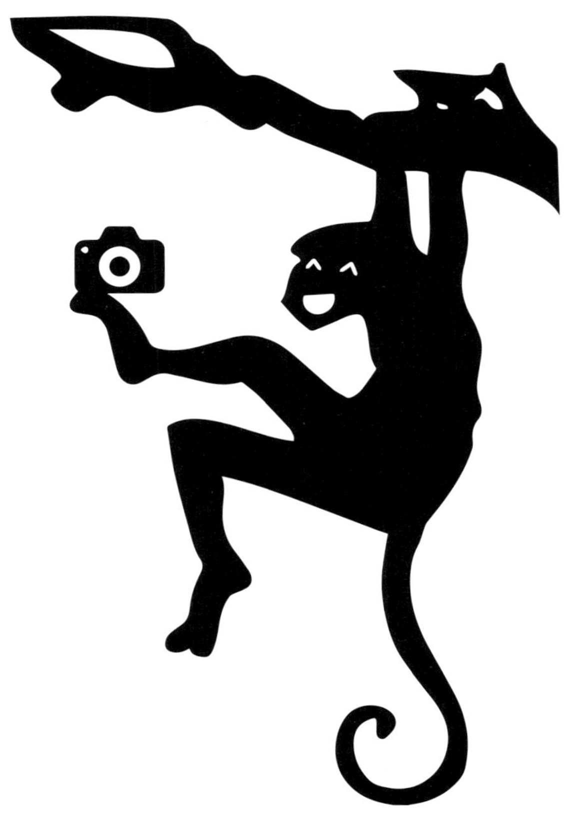

Er kam, sah und selfiete!

KURIOSES

Im Jahr 2011 sorgte das Makaken-Männchen „Naruto“ in Indonesien für Aufsehen, als es sich die Kamera des Fotografen David Slater schnappte und ein „Selfie“ schoss.

Das Foto ging viral, wurde weltweit millionenfach geteilt und von David Slater vermarktet. Der Spaß endete, als die Tierschutzorganisation PETA den Fotografen verklagte und die Urheberrechte des Fotos dem haarigen Primaten zusprechen wollte. Erst nach einem jahrelangen Rechtsstreit – der zwischenzeitlich sogar in einem Vergleich gipfelte – gab das Gericht Slater Recht, der nun wieder das alleinige Recht an dem „Affenselfie“ hat.

Eine Kundin schimpft beim Fotografen: „Sie verlangen für dieses Foto von mir zweihundert Euro? So eine Frechheit! Dabei sieht es mir ja nicht einmal ähnlich.“ Darauf der Fotograf: „Gute Frau, deshalb ist es ja so teuer!“

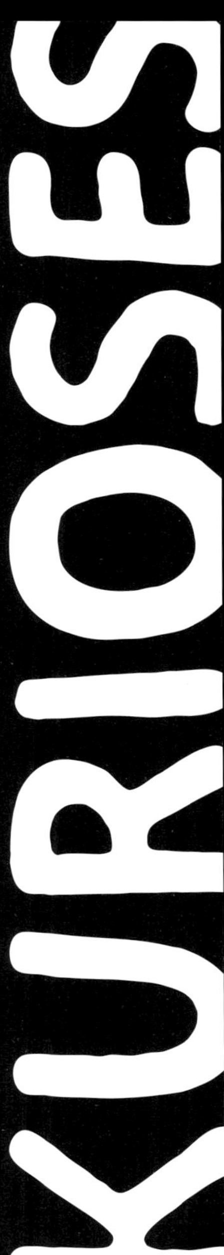

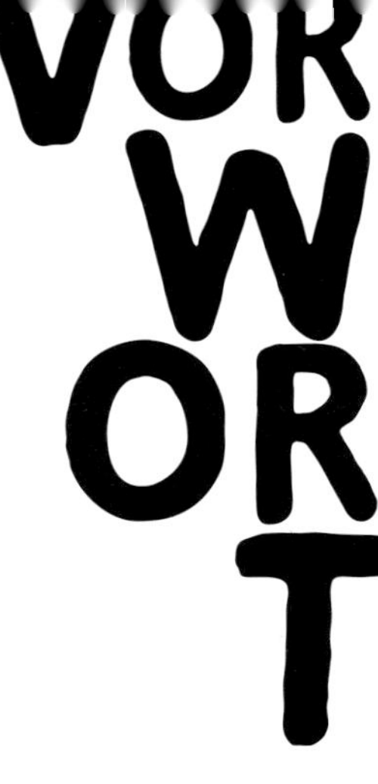

VORWORT

Als John Huston einmal gefragt wurde, welche Kriterien über die Qualität seiner Arbeit entscheiden, antwortete der amerikanische Regisseur mit entwaffnender Ehrlichkeit:
„Das kommt ganz drauf an, was ich zum Frühstück gegessen habe!" In diesen, auf den ersten Blick, zynischen Worten liegt womöglich mehr Wahrheit, als Sie vielleicht vermuten, denn wie jedes andere künstlerische Medium auch, ist die Unterhaltungsfotografie immer wieder Zielscheibe von inhaltsleeren Andeutungen und versteckten Eitelkeiten.

Trauen Sie keinem Fotografen, der Worte wie „Genie" oder „magisch" im Zusammenhang mit seinem Handwerk gebraucht. Ein Portraitfoto vermag weder die „Seele" eines Menschen einzufangen, noch lassen sich in Sonnenuntergängen besondere Geheimnisse entdecken.

Es gibt in der Hobbyfotografie tatsächlich nur eine relevante Frage, die Sie sich stellen müssen:

„Genügt es denn nicht, dass ein Garten schön ist, ohne dass man unbedingt glauben muss, dass Feen darin hausen?"

Douglas Adams

Dieses Buch gehört

___

___

ISBN: 978-3-98660-085-3

Raiffeisenstr. 4 · D-83377 Vachendorf
www.kampenwand-verlag.de

1. Auflage 2022

Versand & Vertrieb durch Nova MD GmbH
www.novamd.de · bestellung@novamd.de · +49 (0) 861 166 17 27

Autoren: Franz Zwerschina & Rafael Bettschart

Printed in Czech Republic

FINIDR, s.r.o. · Lípová 1965 · 737 01 Český Těšín

Idee, Text, Umschlaggestaltung, Grafik und Layout: Franz Zwerschina Idee, Konzept, Redaktion, technische Umsetzung: Rafael Bettschart Lektorat: Harald Noiges
Fotos: Franz Zwerschina

„FUNKTIONIERT IHR BILD ODER FUNKTIONIERT ES NICHT?"*

Um Ihre Fotos „funktionstüchtig" * zu machen, haben sich im Laufe der Zeit ein paar Richtlinien herauskristallisiert, die Sie als das Fundament Ihrer Arbeit betrachten dürfen. Wie in allen anderen Künsten kann man auch hier Bernhard von Chartres** zitieren, wonach wir nur Zwerge auf den Schultern von Riesen sind.

Viele begnadete Menschen vor uns – von den bildenden Künstlern, Malern und Fotografen bis hin zu den Lichtbildnern des Kinos – haben die visuellen Künste über die Jahrhunderte von einer bloßen Idee zur Theorie geformt und über die Jahre – stetig Ballast abklopfend – am Ende in eine stabile Form gegossen. Nutzen Sie dieses Wissen!

* Für alle Lesemuffel hier schon mal ein kleiner Spoiler: Eine Dame, die leicht bekleidet an einer Lost-Place-Location steht, funktioniert meist nicht!

** "Angeber." - Anm. des Herausgebers

Die Welt der Fotografie ist so vielfältig wie umfangreich. Sie ist Teil der Geschichtsschreibung, findet sich so gut wie in allen Arten der Kunst wieder und gilt in der Forschung und Medizin aufgrund ihrer forensischen Präzision als unersetzlich. Ein Foto – zweidimensional und starr – ist in der Lage, Erinnerungen zu konservieren, Schuhe zu verkaufen oder zu beweisen, dass ein Pferd beim Galopp tatsächlich alle vier Beine in der Luft hat.

In der Hobbyfotografie entscheiden Sie über Zeit, Licht und Raum, um Ihre ureigene Vision umzusetzen. Sie sind Drehbuchautor, Psychologe, Regisseur, Kameramann, Lichtsetzer und Produzent in einer Person. Trauen Sie sich!

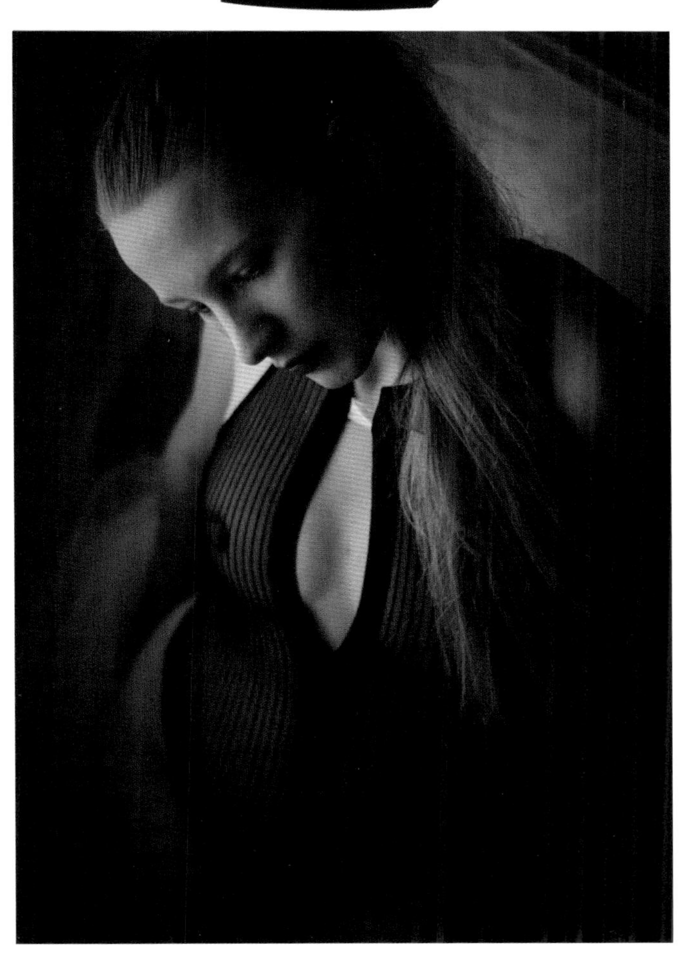

NHALT

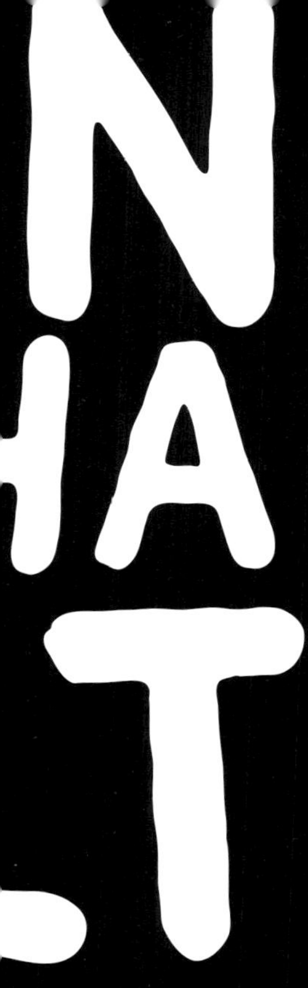

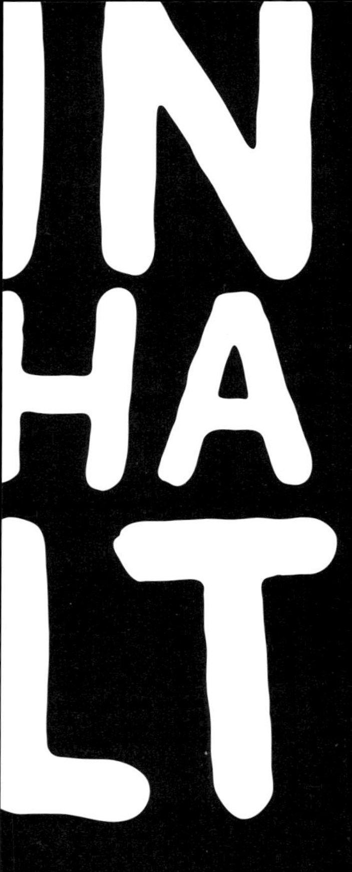

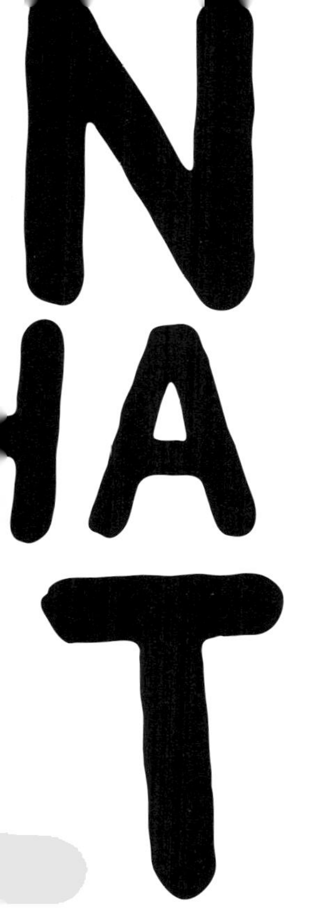

DIESES WARUM BUCH?

Dieses Buch räumt mit alten Mythen auf, wie der Frage nach dem richtigen Equipment, dem persönlichen Stil oder der besonderen Chemie zwischen Modell und Fotograf. Es zeigt die Fotografie weder als elitäre Kunstform, noch als kostenintensives Hobby, sondern entlarvt sie als Handwerk, das im Prinzip recht einfach zu erlernen ist – gepaart mit kuriosen Anekdoten aus der Welt der Lichtmalerei, persönlichen Tipps und einigen gehässigen Kommentaren. Am Ende der Lektüre werden Sie, so hoffen wir inständig, die Kamera weit weniger häufig hervorholen, da Sie erkannt haben, dass weniger mehr ist.

„12 gute Fotos im Jahr sind eine gute Ausbeute."

Ansel Adams (1902-1984)

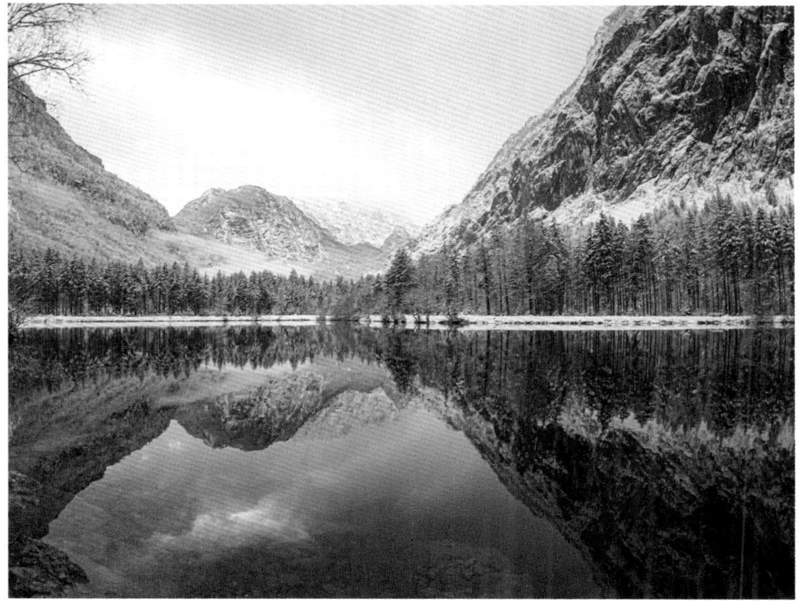

Merke: See + Winter + Berge = akzeptables Foto

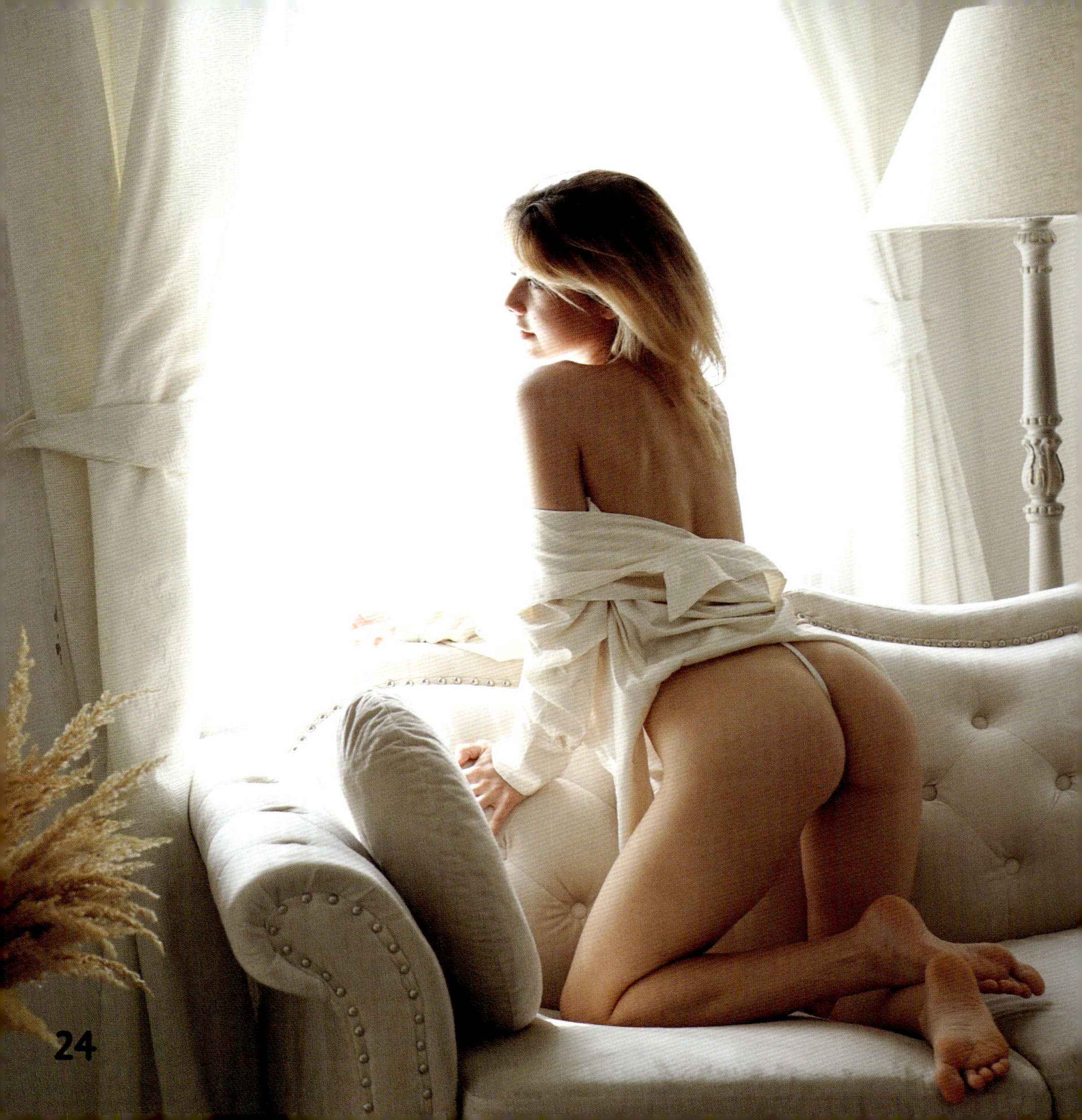

Am fotogensten sind die Menschen, die gar nicht erst versuchen, fotogen auszusehen. Ein mit gesundem Selbstbewusstsein gesegneter Mensch wird vor der Kamera immer „funktionieren“.

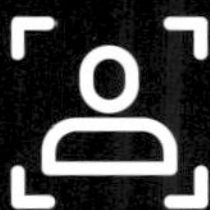

FOTOGRAFISCHER SPICKZETTEL FÜR „ECHTE" FOTOGRAFEN*

Blende, Verschlusszeit und ISO sind die drei Parameter, die im richtigen Zusammenspiel für eine optimale Belichtung sorgen. Aber das wussten Sie bestimmt schon, oder?

DIE BLENDE:

1. Die Blende regelt die Größe der Objektivöffnung und somit die Lichtmenge, die auf den Sensor trifft. Sie entscheidet außerdem über die Verteilung der Schärfentiefe. In der Portraitfotografie arbeiten Sie oft mit einer offenen Blende (z. B. 1.8) – dadurch erreichen Sie eine Freistellung des Motivs.

Praxisanwendung: Wenn hinter dem Modell ein auffallend hässliches Plakat hängt, öffnen Sie die Blende bis zum Anschlag (f1.8), damit alles außerhalb Ihres Fokuspunktes in Unschärfe verschwimmt.*

* Sollte Ihnen das technische Gefasel zu kompliziert sein, versuchen Sie es besser mit einem vergleichsweise einfachen Hobby wie Malen nach Zahlen oder Bingo.

Pfiffige Naturen lachen über die Bestrebungen von „echten“ Fotografen und überlassen alle systemrelevanten Fragen dem Automatikmodus der Kamera.

DIE VERSCHLUSSZEIT:

2. Sie regelt die Dauer des Lichteinfalls am Sensor. Mit einer kurzen Verschlusszeit (z. B. 1/1000) können Sie auch Bewegungen scharf abbilden. Eine längere Verschlusszeit (z. B. 1/20) führt zu Verwacklungen.

Praxisanwendung: Wenn Sie beweisen wollen, dass sich die Fußballer der österreichischen Nationalmannschaft tatsächlich bewegen, dann wählen Sie eine lange Belichtungszeit.

DIE ISO:

3. Sie regelt die Lichtempfindlichkeit des Sensors. Je geringer der ISO-Wert, desto besser die Bildqualität.

Praxisanwendung: Wenn Sie während einer Vollmondnacht im eigentlich dunklen Wald noch der Tierfotografie frönen wollen, dann drehen Sie die ISO so hoch es geht (z. B. 12.000).

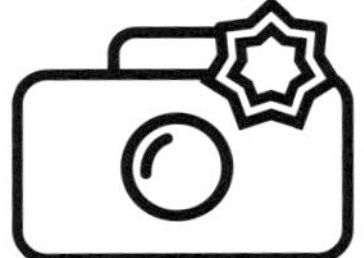

In der blauen Stunde werden Parkhäuser zu Palästen. Fotografieren Sie einmal während der blauen Stunde, also kurz nach Sonnenaufgang bzw. kurz vor Sonnenuntergang. In diesen Minuten mischt sich Kunst- und Sonnenlicht mit einer ähnlichen Intensität, was besonders ... ähm... stimmungsvolle Aufnahmen ermöglicht.

Der Kameramann Emmanuel Lubezki („The Revenant") ist bekannt dafür, dass er am Filmset schon mal ganze Hausdächer abnehmen oder zusätzliche Fenster in Gebäude einbauen lässt, nur um Szenen in der blauen Stunde zu drehen. Hauptsache schön!

SEIEN SIE KRE ATIV

ALLES EINE SACHE DER BETRACHTUNG

In der Fotografie gibt es de facto keine universelle Abbildung unserer Welt. Jedes Kameramodell oder Smartphone zeichnet die „Realität“ anders auf und arbeitet mit eigenen Kodierungen und Prozessen. Selbst Raw-Dateien (die Rohdaten, das digitale Negativ), die von der Kamera weitgehend ohne interne Nachbearbeitung gespeichert werden, unterscheiden sich von Hersteller zu Hersteller.

In der analogen Fotografie entscheiden die Wahl des Kamerafilms, die Entwicklungsflüssigkeit und das Trägermaterial über das Endergebnis.

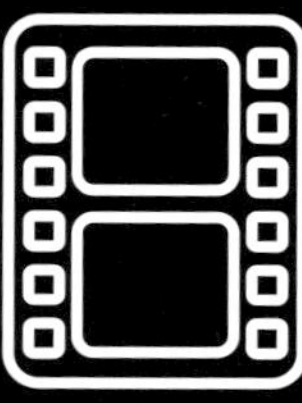

DIE MACHT VON POLAROIDS

Für den Regisseur Wim Wenders fungierten Polaroidbilder gleichermaßen als Mood- wie auch als Storyboards, mit denen er ganze Filme realisierte.

Polaroidkameras erfreuen sich auf Geburtstagen und Feierlichkeiten einer großen Beliebtheit. Selbst die größten Kameramuffel, die normalerweise jede Kamera wie die Pest scheuen, lassen sich auf Partys freimütig von der Sofortbildtechnik ablichten. Warum? Die „bescheidene" Technik der Sofortbildkameras sorgt mit ihrem ausgewaschenen „Look" und der fehlenden Schärfe immer für schmeichelhafte Bilder. Hautunreinheiten, Falten, gelbe Zähne – auf Polaroids ist davon nichts zu sehen. Gute Fotografen haben daher immer eine Polaroidkamera zur Hand, wenn sie „unterwegs" sind. Sicher ist sicher!

HAND AUFS HERZ

Das Geheimnis zur Fotografie führt einzig und allein über Ihre wichtigsten Instrumente: die Augen!

Nüchtern betrachtet benötigen Sie heutzutage keine Spiegelreflex- oder Systemkamera mehr. Die in modernen Smartphones verbauten Algorithmen bieten mittlerweile allen Komfort, um ein großartiges Foto zu machen. Dazu kommen Features wie Freistellung oder das Anpassen der Verschlusszeit, ebenso wie die vormals ausschließlich bei „richtigen" Fotoapparaten zu findenden Alleinstellungsmerkmale wie Raw-Bearbeitung oder HDR-Prozesse. Das alles passt heute locker in die Hosentasche! Verabschieden Sie sich also von einem allzu technischen Zugang und lernen Sie zu „sehen".

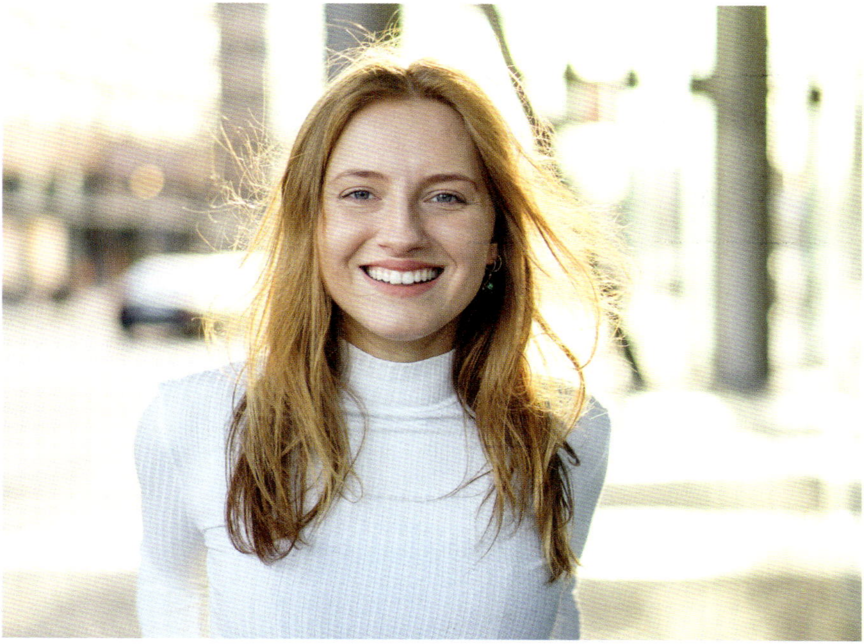

Es gibt keine »richtige« Belichtung in der Fotografie. Die korrekte Belichtung ist jene, die unserer Vision am nächsten kommt. Als gute Fotografen nutzen wir absichtliche Über- und Unterbelichtung, um gewisse Stimmungen und Effekte zu erzeugen. Verbannen Sie also ruhigen Gewissens alle Histogramme oder Hilfswerkzeuge (z. B. die Belichtungsautomatik) Ihrer Kamera und beginnen Sie, sich das Licht nach Ihren eigenen Vorstellungen »gefügig« zu machen.

DER SPIELTRIEB

„Um ein guter Fotograf zu sein, musst du tot sein.“

Unbekannt*

Der Portraitist Pan Walther (1921–1987) ist der Überzeugung, dass allein dadurch gute Bilder entstehen, wenn sich das Modell vor Ihrer Kamera wohl fühlt. Im Gegensatz zum Film können Sie beim Portrait-Shooting fortwährend mit dem Modell kommunizieren und die Stimmung des Shootings beeinflussen. Einem unsicheren Modell nehmen Sie beispielsweise die Angst, indem Sie es spielerisch in die Szene einbinden: Sie sagen Ihrem Modell einfach, es solle die Rolle dementsprechend anlegen, also dieses ängstliche Gefühl in die Szene transportieren. Das wird der Person das Gefühl geben, dass es völlig okay ist, Angst zu haben. Daraus lassen sich dann neue Szenen erarbeiten. Es gibt kaum einen menschlicheren Trieb, der ausgeprägter ist als der, zu spielen. Nutzen Sie das!

* vermutlich tot

Ein leerer Gesichtsausdruck (starr nach vorne gerichtete Augen, angespannte Lippen) ist Gift für jedes natürliche Portrait. Neben den Augen ist es der Mund, der uns zu verstehen gibt, ob sich ein Modell wohlfühlt; wenn nicht, konzentriert sich alle Anspannung auf die Mundpartie. Die Folge: Unser Modell fängt an, sich auf die Lippen zu beißen oder den Kiefer vor- und zurückzuschieben. Wenn das geschieht, können kleine Anweisungen für die nötige Entspannung sorgen: Wir bitten das Modell beispielsweise, die Luft anzuhalten und langsam auszuatmen.

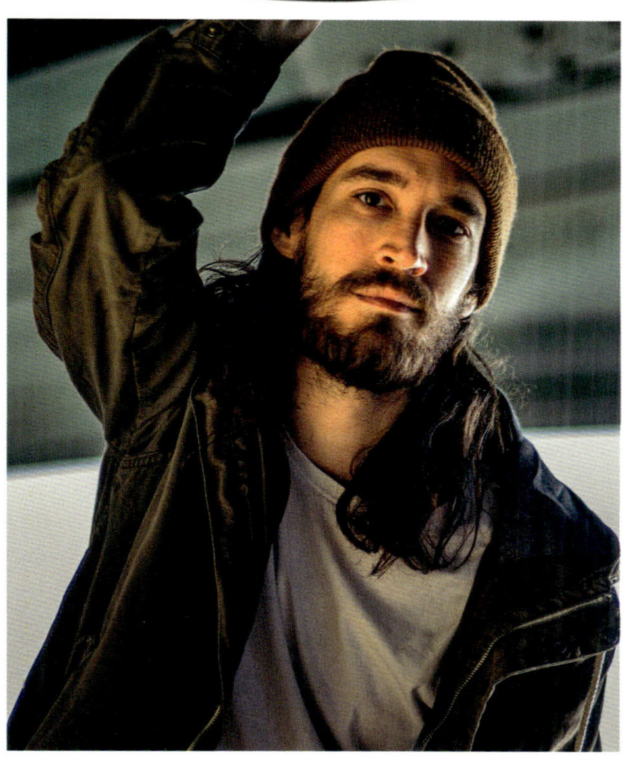

GEAR ACQUISITION

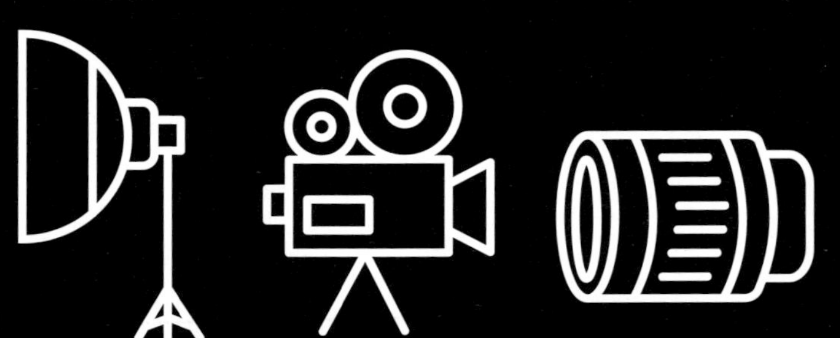

SYNDROME*

Was wie eine fiese Krankheit im Lendenbereich klingt, ist in der Fotografie erstaunlich häufig zu finden und kann als die „Sucht nach Equipment“ übersetzt werden. Als deren Adepten kennen wir jene Zeitgenossen, die immer das neueste Kameramodell besitzen, ihr ganzes Einkommen für überflüssige Gimmicks ausgeben und dennoch kaum brauchbare Fotos zustande bringen. Man findet diesen Typus selbstverständlich auch in anderen Hobbys.

Unter »Farbkonstanz« versteht man die menschliche Fähigkeit, bekannte Gegenstände auch unter verschiedenen Lichtsituationen farblich »richtig« wahrzunehmen. Eine Tomate erscheint uns als rot, egal ob wir sie im Sonnenschein oder bei Kerzenlicht betrachten. Eine Kamera erkennt Farbverschiebungen nicht so einfach, weshalb Sie den Weißabgleich immer im Auge behalten sollten.

* Geben Sie das Geld lieber für etwas Sinnvolles aus. Werden Sie beispielsweise Pate für einen andalusischen Hirtenhund oder spenden Sie an „The Cards against humanity“, eine Organisation, die es sich zur Aufgabe gemacht hat, die Welt mit Unsinn zu bereichern. So rief sie 2019 ein Crowdfunding-Projekt ins Leben, dessen Ziel es war, mit einem Bagger ein Loch in die Erde zu graben — was von unternehmungslustigen Menschen mit 100.000 Dollar unterstützt wurde.

Machen Sie es wie der Lebenskünstler Harald Bettschina, der regelmäßig durch die großen Kaufhäuser flanierte, um am Ende einmal mehr festzustellen, welchen Unfug es auf der Welt gibt und was er alles „nicht zum Leben“ braucht.

~~DINGE, DIE KEIN FOTOGRAF BRAUCHT~~

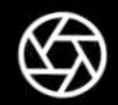 Billige ... teure ... ach, jeden gottverdammten UV-Filter

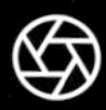 mehr als 1 Stativ

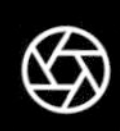 einen Bohnensack fürs Gelände (dieses angeblich so unverzichtbare Fotografenutensil ist das Erste, das hochkant aus dem überfüllten Fotorucksack fliegt)

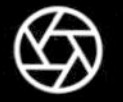 Sogenannte Oktopus-Arme zum Befestigen von Kamerazubehör an Ästen, Stuhlbeinen oder ähnlich phallischen Objekten.

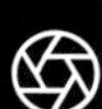 Selbstgebautes Equipment*: Das Internet ist voller begnadeter Hobbybastler und Teilzeit-MacGyver, die sich – um ein paar Euros zu sparen – Lichtformer, Blitzaufsätze und Stative selbst zusammenzimmern.

 eine Glaskugel für die Glaskugelfotografie (wir verbitten uns hier jedweden Kommentar)

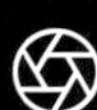 Presets (Sie würden doch auch nicht die Schreibmaschine eines guten Schriftstellers kaufen, in der Hoffnung, dass Sie dann plötzlich besser schreiben)

* Sie mögen sich kreativ und einzigartig fühlen, wenn Sie zum Hochzeitsshooting mit Ihrem selbst zusammengeschusterten Blitzvorsatz auftauchen. In Wirklichkeit wird man Sie als sonderbaren Geizhals in Erinnerung behalten.

BENIMM-KNIGGE BEIM PORTRAIT-SHOOTING

Der Regisseur Richard Donner ist dafür bekannt, dass er Schauspielern während des Drehs gerne Dinge zuruft, um eine Szene voranzutreiben oder Energien zu bündeln.

- Sorgen Sie für eine angenehme Atmosphäre während des Shootings. Sollten Sie bei sich zu Hause fotografieren, haben Sie endlich wieder einmal einen Vorwand, um Ihr Bad zu putzen.

- Legen Sie gern etwas Musik auf, um die manchmal als unangenehm empfundene Stille zu vermeiden. Black-, Grindcore- und Pagan-Metal-Fans sehen tunlichst davon ab, dem nervösen Amateurmodell mit ihren martialischen Schlachtenhymnen zu imponieren.

- Nicht um den heißen Brei herumreden: Unschöne Details wie schlecht sitzende Kleidung, Speckröllchen bei ungünstiger Pose oder widerspenstige Haare sollten Sie sofort ansprechen.

- Widerstehen Sie dem Drang, dem Modell Ihre politischen Ansichten aufzuschwatzen oder über Ihre gescheiterte Beziehung zu lamentieren. In der Regel will das Modell gute Portraits haben und interessiert sich nicht für die Abgründe Ihres Seelenlebens.

- Zeigen Sie Ihrem Modell zwischendurch immer mal wieder die Fotos auf dem Display. Aber Vorsicht: Es sollten nur die Hochkaräter sein, die Perlen, die Filetstücke! Nichts demotiviert Menschen schneller, als wenn sie sich in den Händen eines Stümpers wissen.

- Verpacken Sie Ihre Anliegen und Hinweise positiv und vor allem aktiv: Sagen Sie niemals: „Guck doch mal sinnlich!“, sondern bitten Sie Ihr Modell, von seinem letzten Urlaub oder seinen Träumen zu erzählen. Nur so erreichen wir „echte“ Emotionen.

- Viele angehende Modelle denken, sie müssten vor der Kamera überschwänglich agieren oder großartig posieren, um ausdrucksstarke Portraits zu erhalten. Doch genau das Gegenteil ist der Fall. Ein reduziertes Mimikspiel reicht völlig aus – in Verbindung mit der fließenden Bewegung des Körpers.

- Nennen Sie Ihr Modell nicht „Muse“. Grace Kelly, die spätere Prinzessin von Monaco, war eine Muse für Alfred Hitchcock und Alma Mahler-Werfel gilt als Muse für Oscar Kokoschka. Die halbnackte Instagram-Bekannte, der Sie schlüpfrige Komplimente zu ihren hohen Wangenknochen machen, ist KEINE Muse.

Als Fotograf kommt es nicht darauf an, perfekt zu sein! Weder in seinem Auftreten noch in seiner Arbeit. Wichtig ist die Motivation, aus der heraus man agiert, wie auch die Fähigkeit, mit Menschen auf Augenhöhe zusammenzuarbeiten. Allein das richtige Wort zur richtigen Zeit kann ein Portrait zu etwas Besonderem machen.

BLEIBEN SIE

Nehmen Sie Ihr Hobby nicht zu ernst. Hüten Sie sich davor, Ihr Lebensglück von der Fotografie abhängig zu machen oder Unbeteiligten Ihre schrulligen Visionen aufzubürden. Die Liste der deprimierten Fotografen, die plötzlich anfangen, ihre Partynächte in Berlin zu dokumentieren oder nur noch Modelle mit Achselhaaren zu fotografieren, ist in etwa so lang wie Nicolas Cages Liste der unklugen Rollenentscheidungen. Bitte fahren Sie auch nicht in Kriegsgebiete, um sich „wieder am Leben zu fühlen", und vermeiden Sie Wörter wie „Identität" und „authentisch". Alles Klischees. Alles schon dagewesen. Vermeiden Sie Pathos.

Denken Sie immer daran, dass es sich bei der Fotografie nicht um eine Herztransplantation handelt. Es sind nur Bilder.

Weil sich der Unternehmer Philip Green bei einem Fototermin als ausgesprochenes Ekelpaket herausstellte, revanchierte sich der Fotograf Jake Walters auf besondere Art und Weise. Er lichtete Green – der seit 2006 ein Sir im Namen trägt und immerhin zu den reichsten Briten zählt – inmitten zweier runder, etwa kniehoher Büsche ab. Das Ergebnis: Sir Philip Green sah aus wie ein erigierter Penis. Jake Walters dazu lapidar: „Nun, wenn es in Ordnung ist, dass Sie sich wie ein Idiot verhalten, muss es auch in Ordnung sein, dass Sie so aussehen."

AM BODEN

BLICK ZURÜCK

Schauen Sie sich Filme von Peter Weir („Mosquito Coast“, „Fearless“) an oder blättern Sie in Comics von Alan Moore, Moebius oder Alex Ross, um ein tieferes Verständnis für den Umgang mit Licht und Farbe zu entwickeln. Dort wird nichts dem Zufall überlassen. Faule Naturen suchen auf YouTube nach passendem Content!

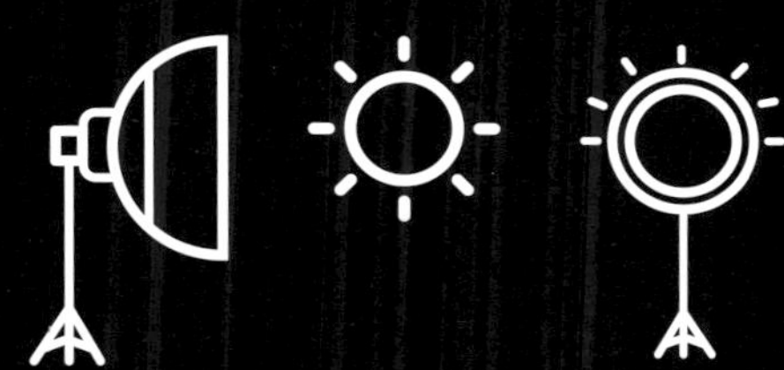

Licht hat seit jeher den Menschen fasziniert und vor neue Herausforderungen gestellt, ob Maler, Architekten, Fotografen, Game-Designer, Landschaftsgärtner oder Konzeptkünstler. Aber erst im 15. Jahrhundert brachten die Renaissance-Maler dreidimensionale Darstellungen auf die Leinwand und die perspektivische Wiedergabe von Räumlichkeit hielt Einzug in die Kunst. Das Licht galt plötzlich nicht mehr allein als Notwendigkeit (bis dahin malte man Bilder hell und ebenmäßig), sondern wurde für dramatische Effekte genutzt. Leonardo da Vinci setzte als einer der ersten Hell-Dunkel-Kontraste zur Steigerung der Räumlichkeit ein. Generell lohnt sich für jeden Fotografen ein Blick in die Kunstgeschichte.

NO-GOS IN DER PORTRAITFOTOGRAFIE*

Wenn Sie als Fotograf ernst genommen werden wollen, vermeiden Sie tunlichst folgende Verbindungen:

- ▷ keine verträumt blickenden Frauen vor blühenden Pflanzen
- ▷ keine Frauen in leuchtenden Rapsfeldern
- ▷ keine halbnackten Frauen an Lost-Place-Locations
- ▷ keine tätowierten Kerle auf Motorrädern
- ▷ keine in pastellfarbenen Deckchen eingewickelten Neugeborenen

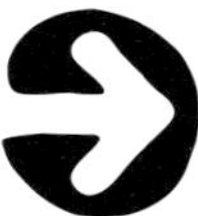

Ein gutes Portrait setzt stets ein Mindestmaß an Inszenierung voraus. Befolgen Sie die Li-Po-Ko-Regeln: Licht, Pose und Kommunikation.

* Das ist zwar nicht prinzipiell verboten, verstößt aber gegen alle erdenklichen Regeln des guten Geschmacks

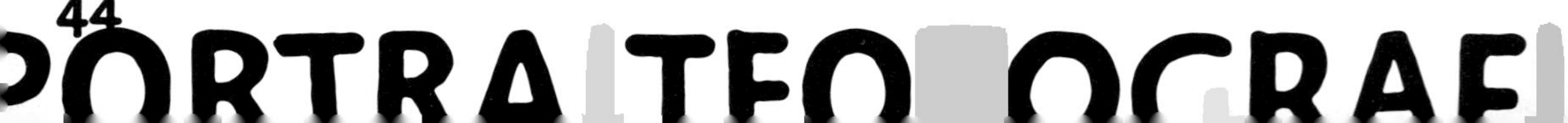

LUDONARRATIVE DISSONANZ

In Videospielen bezeichnet die ludonarrative Dissonanz den inhaltlichen Widerspruch zwischen der Spielmechanik und der Erzählung. Etwa wenn ein Charakter in den Zwischensequenzen als sympathisch und charmant gezeigt, wird, jedoch im Gameplay (also, wenn wir ihn steuern) Dutzende Menschen niedermetzelt.

In der Fotografie gibt es das auch: und zwar in allen billig wirkenden Bildern, in denen Menschen „im Raum rumstehen", als hätte sie ein Fotograf ohne Sinn und Verstand abgestellt und abfotografiert. Die Fotos wirken so banal, weil die fotografierte Person mit der Umgebung nicht im Einklang steht. Achten Sie also immer darauf, dass sich der Mensch, den Sie fotografieren, organisch in den Raum einfügt.

Ludonarrative Dissonanz zieht sich durch alle Kunstbereiche. Wir finden sie in schlecht abgemischten Musikstücken, offensichtlichen Greenscreen-Effekten in Filmen oder stümperhaft verfassten Texten.*

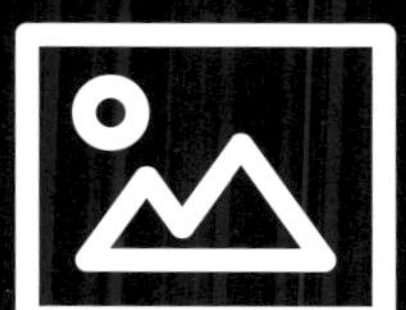

* „Damit kennen Sie sich ja aus." – Anm. des Herausgebers

AUTHENTIZITÄT

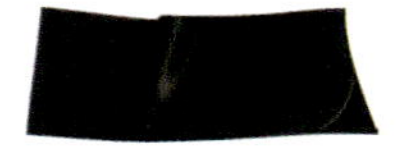

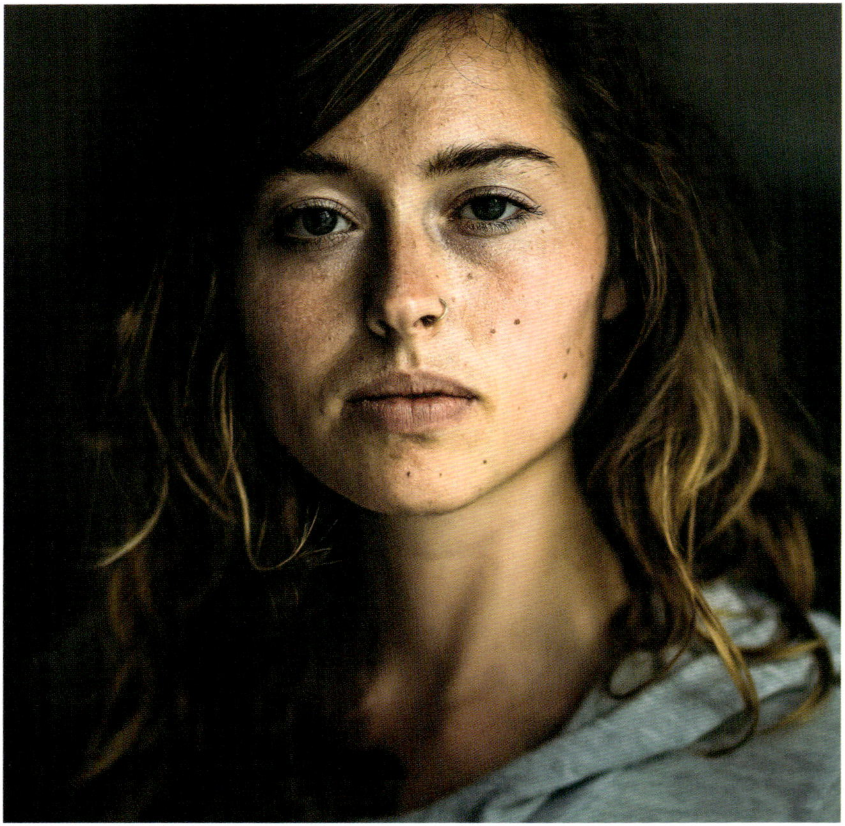

5. NACHBEARBEITUNG

Ein „authentisches", bei natürlichem Licht gemachtes Portrait, das auf Nachbearbeitung verzichtet, ist nicht „besser" oder „moralischer" als beispielsweise ein stark manipuliertes Beauty-Portrait. Beides sind Spielarten der Fotografie. Die einen schätzen den unmittelbaren Moment der Aufnahme, der keine optische „Aufwertung" benötigt; andere lieben es, die Aufnahmen später am Rechner in Stimmungen zu tauchen, die Haut zu optimieren und ihren künstlerischen Visionen anzupassen.

Beides hat absolut Platz im Leben und kann gut nebeneinander koexistieren. Sagen wir so: Der Verzicht auf Nachbearbeitung und Retusche kann im besten Fall eine Geisteshaltung sein, eine Möglichkeit, Kunst zu betrachten und für sich zu interpretieren.

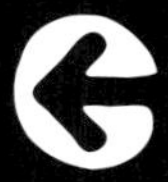

Als Lichtquelle diente ein großes Fenster hinter dem Fotografen. Eine Nachbearbeitung ist nicht nötig.

Eines der teuersten Fotos der Welt stammt von dem deutschen Fotografen Andreas Gursky und nennt sich Rhein II (1999). Das großformatige Foto zeigt den Rhein und wurde 2011 für 3,1 Millionen Euro an einen anonymen Sammler verkauft.

Diese Beschreibung stammt von Chuck O'Rear, der damit den berühmten Ausspruch von John Lennon, dass die Beatles berühmter seien als Jesus, paraphrasierte. Sie kennen O'Rear nicht? Nun, er hat das wahrscheinlich bekannteste unbekannte Foto der Welt aufgenommen.

Bekannter als O'Rears Name ist auf jeden Fall sein Foto „Bliss", das von 2001 ganze 13 Jahre als Windows Desktop-Hintergrund des Betriebsprogramms Windows XP fungierte. Der Fotograf hatte das idyllische Wiesen-Hügel-Wolken-Foto eines Tages eher zufällig in Napa Valley nördlich von San Francisco aufgenommen. Als Microsoft das „unbearbeitete" Foto im Archiv der Agentur Corbis fand, ließen sie O'Rear extra aus Seattle einfliegen – zu gefährlich schien es ihnen, den Film per Kurier zu schicken. Am Ende soll O'Rear eine „niedrige sechsstellige" Summe für die Rechte am Bild bekommen haben. Heute ist das Bild aus dem kollektiven Gedächtnis verschwunden, so wie Tamagotchis oder die Tatsache, dass Nicolas Cage trotz seiner skurrilen Haartracht ein außergewöhnlich guter Schauspieler ist.

BERÜHMTER ALS DIE

MONA LISA

AU TH EN TI ZI TÄT 2.0

Ein Leben für die Fotografie – Sebastião Salgado legt großen Wert darauf, seinem Sujet auf Augenhöhe zu begegnen. Für seine journalistische Dokumentation der Goldminen der Serra Pelada lebte der brasilianische Fotograf einen Monat lang unter Minenarbeitern, schlief in einer Hängematte und ernährte sich von gesalzenem Trockenfleisch. Seine großformatigen Bildbände sind eine Zier für jeden ernsthaften Fotografen.*

Heute verbringen Influencer durchschnittlich drei Stunden am Tag damit, 500 Selfies zu machen, zweieinhalb Stunden damit, 499 wieder zu löschen, das eine passende Foto 30 Minuten lang zu bearbeiten und es anschließend unter dem Hashtag „Heute mal spontan!" in den sozialen Netzwerken zu posten.

* Auch Sie dürfen ausnahmsweise zugreifen.

VOM FILM LERNEN

Die Fotografie ist nichts für Angsthasen! Lassen Sie schiefe Wände schief sein und stören Sie sich nicht an den Kabeln im Hintergrund. Schauen Sie durch den Sucher bzw. auf das Display Ihrer Kamera und machen Sie Ihr verdammtes Foto! Die Pose und das Licht sind dabei Ihre einzigen Wegweiser. Entscheiden Sie sich. Und dann leben Sie damit!

Wenn Sie einer Schauspielerin sagen wollen, dass sie schneller gehen soll, können Sie sagen: „Bitte beweg dich schneller!" Was passiert? Sie wird ihre Schritte beschleunigen. Ihre Armbewegung, der Blick, ihr ganzer Gestus bleibt von der Änderung aber unberührt, was unnatürlich und wenig authentisch aussieht! Warum? Weil die Motivation für das „schnelle Gehen" fehlt! Sagen Sie also besser: „Stell dir vor, du bist in Eile, weil du noch die Bahn erwischen musst".* Und sofort greift die Person auf ein im Gehirn abgespeichertes Muster zurück und der Gang wird natürlicher. Man muss den Menschen vor der Kamera einen Grund geben, warum sie etwas machen sollen. So ist es auch in der Portraitfotografie.

* Dieser Tipp stammt aus dem bemerkenswerten Buch „I`ll be in my trailer - the creative wars between directors & actors" von Regisseur John Badham.

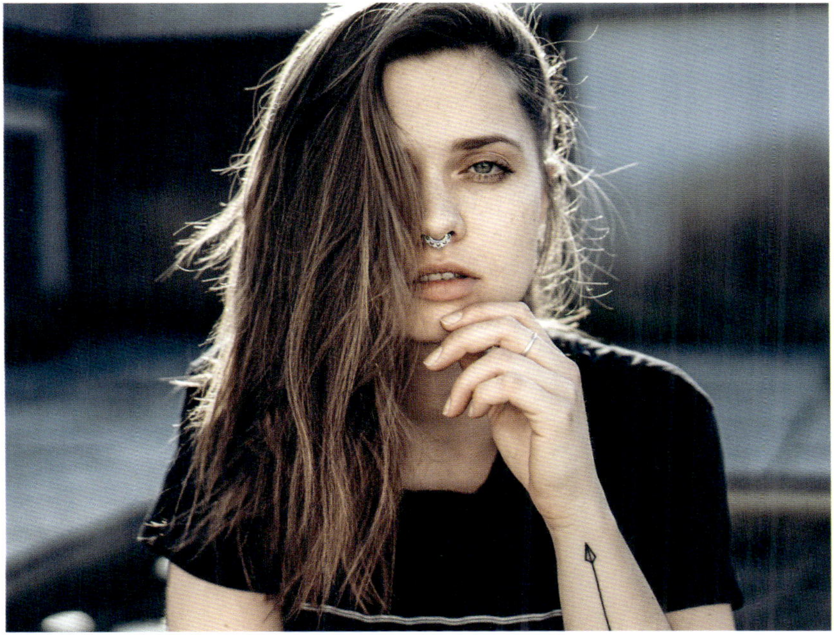

Gegenlicht ist immer zu bevorzugen. Punkt. Versuchen Sie das Modell in den Flow zu bringen. Bauen Sie Vertrauen auf und seien Sie kommunikativ.

BRENNWEITEN

Kurze Brennweiten werden in Film und Fotografie häufig eingesetzt, um Charaktere, die nahe an der Linse sind, größer erscheinen zu lassen, als sie in Wirklichkeit sind.* In modernen Superheldenfilmen wie „Marvel's The Avengers" wird diese Weitwinkelaufnahme auch gern aus einer leichten Untersicht gezeigt, um die Helden imposanter wirken zu lassen. Kameramänner wie Wally Pfister („The Dark Knight", „Inception") oder Emmanuel Lubezki („The Revenant") nutzen kurze Brennweiten, um ganz nahe bei ihren Charakteren zu sein und gleichzeitig viel von der Umgebung zu zeigen. Wenn Leonardo DiCaprio in „The Revenant" – nachdem man ihn zum Sterben zurückgelassen hat – in Sicherheit schleppt, wird die Ästhetik einer kurzen Brennweite deutlich. Man ist als Zuschauer so nah dran, dass sogar die Objektivlinse von DiCaprios Atem beschlägt.

* Böse Zungen behaupten, es gäbe in Hollywood die sogenannte Tom Cruise-Klausel. Diese besagt, dass klein geratene Schauspieler ausschließlich von unten und mit einem leichten Weitwinkel aufgenommen werden müssen.

Modell und Location müssen eine sinnvolle Symbiose ergeben. Die Lichtsetzung und ein Auge für Details sind dabei der Schlüssel zum Erfolg.*

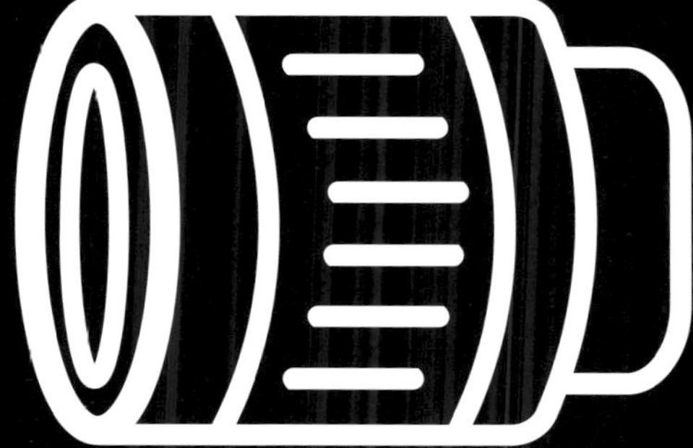

* „Dieser Absatz ist an Banalität nicht zu unterbieten.“ – Anm. des Herausgebers

„Doch!“ – Anm. der Autoren

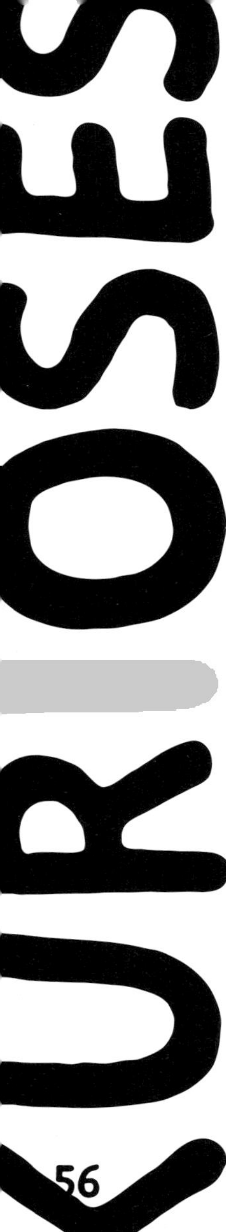

Der kleine Ort Hallstadt in Österreich gilt bei asiatischen Touristen als äußerst beliebtes Fotomotiv. Kein Wunder – wurde das beschauliche Örtchen doch 2012 in China nachgebaut und prompt zur Attraktion. Mit dem Wunsch, das Original zu sehen, werden aber jetzt bis zu 7000 Touristen täglich in den 800-Einwohner-Ort gekarrt. Sehr zum Leidwesen der dortigen Einwohner. Manch einer berichtet von Touristen, die – da sie sich in einem Freilichtmuseum wähnen – kurzerhand in die Häuser der Einheimischen marschieren oder in deren Gärten Drohnen steigen lassen.

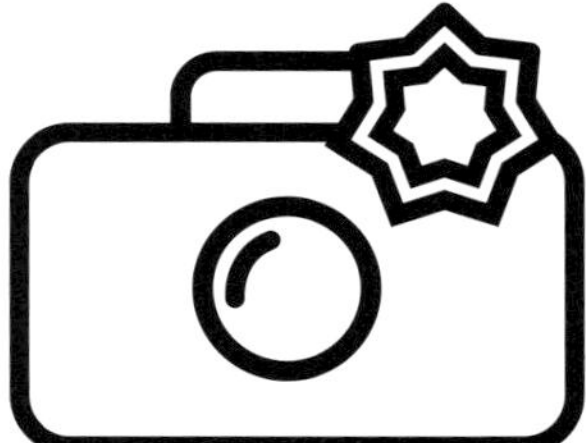

Mit dem Darwin Award werden jene Exemplare der Gattung Mensch (meist Männer) ausgezeichnet, die durch eine besonders dumme Art und Weise ihr Leben verloren und somit ihr „Recht“ verwirkt haben, ihre Gene weiterzugeben.

Wie etwa jene zwei Männer, die ein Selfie mit einer Elefantenherde machen wollten und von den wenig kunstaffinen Dickhäutern kurzerhand zu Tode getrampelt wurden. In Russland indes posierten zwei Soldaten mit einer scharfen Granate. Das Smartphone mit dem letzten Foto überlebte als einziges die Explosion. Schließlich sei noch der junge Mann erwähnt, der sich während einer Gewitterfront anschickte, mit seinem metallenen Selfie-Stick nach draußen zu laufen.

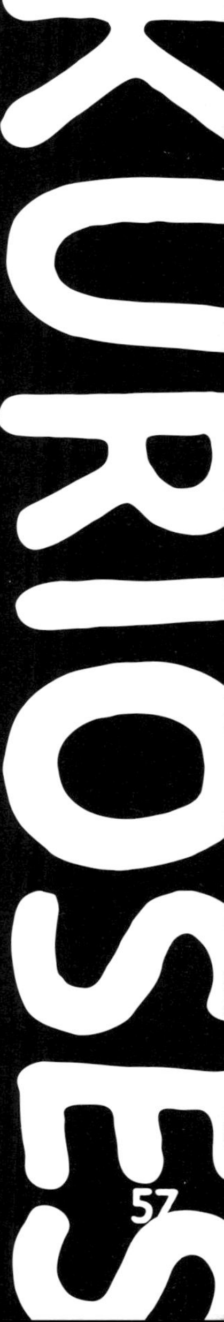

„Für gute Portraits braucht man keine extravagante Location, langhalsige Schönheiten oder aufwändige Lichtsetups. Es genügt ein Fenster. Damit kommen Sie ziemlich weit!“

Franz Zwerschina

Gute Lichtsetzung führt den Blick des Betrachters auf die bedeutenden Motive des Fotos und lässt mit gezielten Schatten störende Elemente verschwinden. Wenn wir einen Menschen Portraitieren, so müssen wir uns der Beschaffenheit des uns zur Verfügung stehenden Lichts gewahr werden.

Das ist das erste, das ist das wichtigste Kriterium für ein gelungenes Bild. Denn ein attraktives Motiv wird uninteressant, wenn wir es mit langweiligem Licht fotografieren, während wir einem durchschnittlichen Motiv durch interessantes Licht zu einem großartigen Bild verhelfen.

VOM BACKEN DES LICHTS

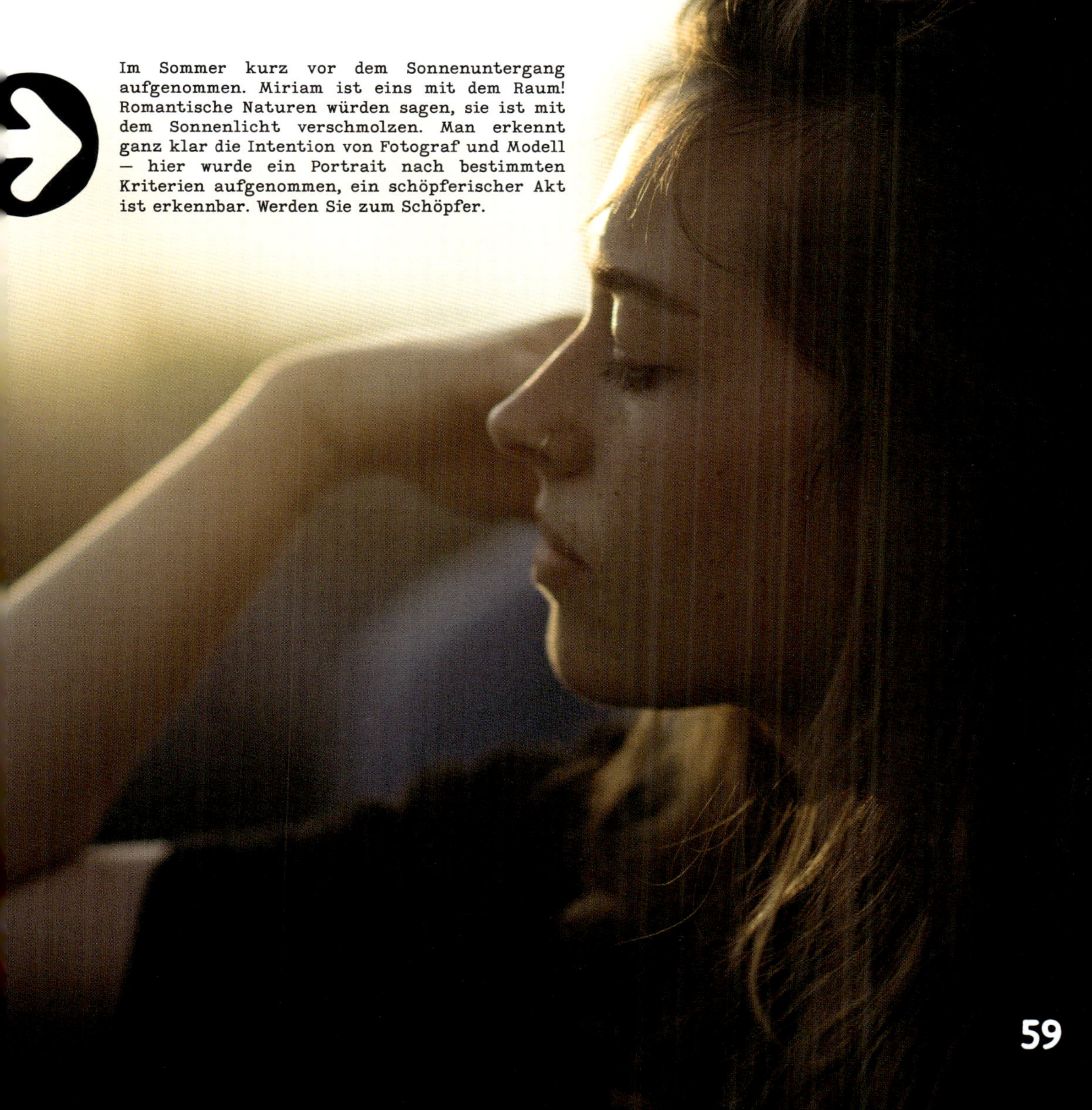

Im Sommer kurz vor dem Sonnenuntergang aufgenommen. Miriam ist eins mit dem Raum! Romantische Naturen würden sagen, sie ist mit dem Sonnenlicht verschmolzen. Man erkennt ganz klar die Intention von Fotograf und Modell – hier wurde ein Portrait nach bestimmten Kriterien aufgenommen, ein schöpferischer Akt ist erkennbar. Werden Sie zum Schöpfer.

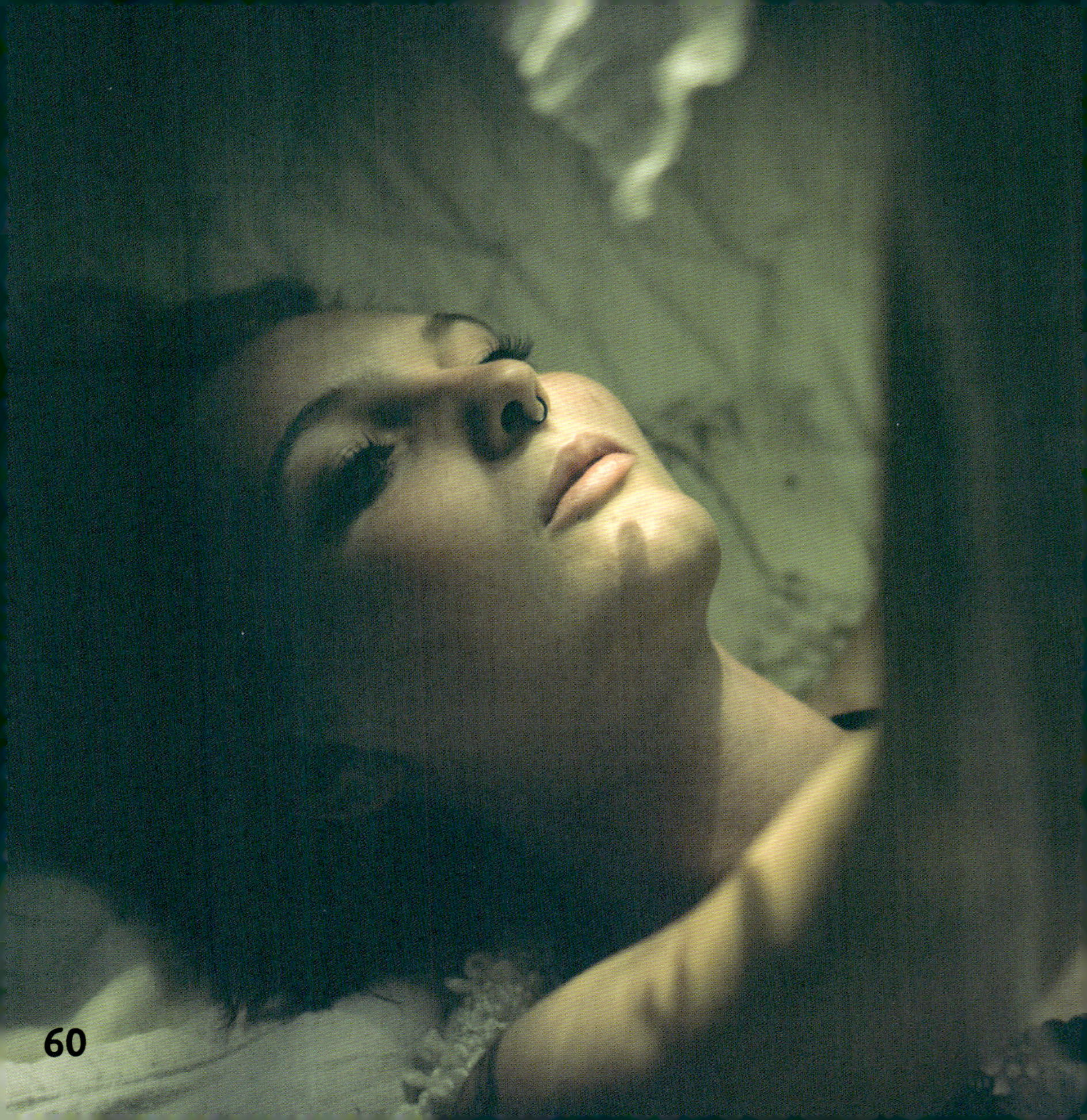

PERFEKTION IST DER FEIND DES GUTEN

„Wie ein wilder Stier“
(1980, Regie: Martin Scorsese)
Um die Kampfszenen genauso amateurhaft aussehen zu lassen wie die Super-8-Privataufnahmen von Protagonist Jake LaMotta, mussten die Szenen von Mitgliedern des Teams gedreht werden. „Selbst“, so Kameramann Michael Chapman, „habe ich die Szenen nicht so stümperhaft hinbekommen.“

Der französische Fotograf und Kameramann Raoul Coutard („Außer Atem“, „Jules und Jim“) fand Bilder, die zu geleckt aussahen, verdächtig. Bei ihm dominiert das Brüchige, das Zerrissene und Nicht-Perfekte. Er postulierte die „Schönheit der Nüchternheit“ und fand sie im Credo, nicht nur den Menschen und den Raum zu fotografieren, sondern auch die „Seele dahinter“. Diese vage Formulierung nimmt bei einem Pragmatiker wie Coutard schnell Form an, wenn er sagt, man müsse Menschen und Dinge nicht bloß exakt abbilden, sondern in ihren geheimnisvollen Beziehungen erfassen. Es gelte, die „Zwischenräume um die Dinge herum auszufüllen“. Dazu bedürfe es der Konsistenz der Luft, der Qualität des Schattens und der farbigen Reflexe, die einen Raum erst zu einem fotografischen Erlebnis machen.

Für Portraitfotografen nicht unerheblich: der Serienbildmodus. Er erlaubt es, je nach Kameramodell viele Bilder hintereinander zu schießen. Dies verringert die Gefahr, ein Modell mit geschlossenen Augen oder in einem anderen wenig schmeichelhaften Moment zu „erwischen“. Denken Sie daran, dass Sie hinterher die vielen Fotos auf ihre Brauchbarkeit prüfen müssen, was immens viel Zeit in Anspruch nehmen kann. Wägen Sie daher ab, wann Sie den Serienbildmodus verwenden.

Es gibt einen ganz guten Weg, um bei Shootings eine große Varianz von Bildern und somit eine Komplexität zu erhalten, die über die herkömmlichen „Headshots“ oder Ganzkörperfotos hinausgeht. Beim Film, wo verschiedene Einstellungen und Perspektiven später bei der Montage essenziell sind, arbeitet man oft vom Großen zum Kleinen: Zuerst filmt man die Totale, in der die Kamera aus einer größeren Entfernung das gesamte Geschehen aufnimmt. Ist die Szene im Kasten, werden Nahaufnahmen und Detailaufnahmen gemacht. Später im Schnittraum hat man so eine gute Auswahl an Material, um die Szenen je nach dramatischer Gewichtung zusammenzusetzen. Natürlich gibt es Regisseure, die bereits beim Dreh genau im Kopf haben, welche Perspektiven und Einstellungsgrößen für die Szene wichtig sind und deshalb auf die Methode nicht angewiesen sind. Menschen sind unterschiedlich, manche arbeiten nach einem strengen System (Hitchcock), manche stellen die rhythmische Metrik in den Vordergrund (Tarantino) und wieder andere lassen sich nur von ihrer eigenen Vision treiben (Werner Herzog).

VOM GROSSEN ZUM KLEINEN

ARBEITEN SIE IM RHYTHMUS

„Die Fotografie ist eine wunderbare Entdeckung, eine Wissenschaft, welche die größten Geister angezogen, eine Kunst, welche die klügsten Denker angeregt – und doch von jedem Dummkopf betrieben werden kann.“

Nadar, 1856

Ich mache in der Regel zuallererst ein paar Totalen, um dem Modell nicht schon beim Einstieg auf die Pelle zu rücken. Menschen brauchen Zeit, um sich in ein Shooting einzufühlen. Bei Sympathie können Sie diese Intimitätszone im Laufe der Aufnahmen durchbrechen und zu emotionalen Portraits gelangen.

Bei Indoor-Shootings gehe ich oft wie folgt vor: Ich schraube meine 50-mm-Festbrennweite auf die Kamera und bitte mein Modell, sich in zwei, drei Metern Entfernung zu positionieren. Ich erkläre, dass diese Brennweite einen guten Teil des Oberkörpers abbildet, die Beine aber ausspart. So kann sich das Modell allein auf Gesicht, Oberkörper und Arme konzentrieren. Wenn sich der Flow einstellt, wechsle ich zum 85-mm-Objektiv – der Bildausschnitt zeigt nur bei gleichbleibender Distanz die Schultern, Schlüsselbeine und den Kopf. Wenn sich das Modell wohlfühlt, kommt das 28-mm zum Einsatz; mittlerweile bin ich bis auf einen Meter herangetreten und lasse mich vom Flow treiben. Wenn das Modell seine Posen fließend ineinandergleiten lässt, kann man gar keine schlechten Bilder machen!

DAS CASTING

Es gibt Regisseure, die den Castingprozess als den wichtigsten Teil eines Films beschreiben. Einen Schauspieler zu finden, der in seinem Gestus, in seiner Bewegung und Mimik genau auf die im Drehbuch vorgeschriebene Rolle passt, kann sich über Monate hinwegziehen.

Ein Film gewinnt durch passende Schauspieler an Qualität. Millionen von Menschen haben J. R. R. Tolkiens „Der Herr der Ringe“ gelesen, und als Peter Jackson sich anschickte, die Geschichte zu verfilmen, war die Skepsis groß. Doch Jackson bewies ein brillantes Händchen bei der Besetzung seiner Hauptfiguren, etwa bei dem Hauptdarsteller Frodo Beutlin: Elijah Wood war so nah dran an der literarischen Vorlage, er spielte die Rolle des mutigen Helden, der sich vom treuen Mitstreiter zum tragischen Helden wandelt, mit solcher Bravour, dass man sich heute schwer vorstellen kann, wer sonst diese Mammutaufgabe hätte stemmen können. Die Liste lässt sich mühelos fortsetzen: Können wir uns einen anderen als Tom Hanks als Forrest Gump vorstellen? Und was ist mit Sigourney Weaver in der „Alien“-Reihe? Arnold Schwarzenegger in Terminator? Audrey Hepburn in „Frühstück bei Tiffany“?

Vom Film lernen

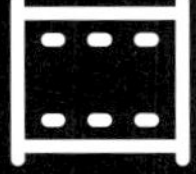

Der Schlüssel zu einem großartigen Portrait ist und bleibt das Casting. Wenn Sie das richtige Modell finden, können Sie sich als Fotograf getrost zurücklehnen: „Alles wird gut werden!“

DIE FEEN VON COTTINGLEY

Dass die Fotografie seit jeher zur Mythenbildung maßgeblich beigetragen hat, ist nicht von der Hand zu weisen. Denken Sie an den Bigfoot, an das Monster von Loch Ness oder die Abertausenden angeblichen Ufo-Sichtungen. All diese Fotos haben eines gemeinsam: Sie sind handwerklich von auffällig minderwertiger Qualität

DIE FEEN VON COTTINGLEY

Man möchte glauben, dass der geistige Vater von Sherlock Holmes, Sir Arthur Conan Doyle, dessen messerscharfer und rationaler Verstand in der Literaturgeschichte seinesgleichen sucht – ein ebensolcher von Wissenschaft beseelter „Geist" war. Mitnichten!

Die skurrile Geschichte wurde unter dem Begriff „Cottingley Fairies" berühmt und handelt von den zwei Cousinen Frances Griffiths und Elsie Wright, die 1917 im englischen Cottingley (einem Dorf im Raum Bradford) scheinbar „echte Feen" fotografiert hatten. Sir Arthur Conan Doyle war von der Echtheit der Feenbilder so überzeugt, dass er sich in seinem 1922 veröffentlichtem Buch „The Coming of the Fairies" näher damit beschäftigte und sich öffentlich zum Spiritismus bekannte. Erst im Greisenalter von 83 Jahren gestand Elsie Wright die Fälschung.

SCHWARZ

„Ein Schwarzweißfoto wirkt vom Ton her voll, wenn ein kräftiges Schwarz und ein reines Weiß auf mindestens drei mittlere Grautöne treffen, obgleich man sich unzählige Grauabstufungen vorstellen kann."

Subrata Mitra,
indischer Kameramann

Anfangs war die Fotografie schwarzweiß und auch heute noch erfreut sich die Schwarzweißfotografie einer erstaunlich großen Beliebtheit – wie Fotobände, Ausstellungen und Portfolios zeigen. Dafür gibt es auch gute Gründe: Die Übersetzung der Farbwelt in Grauwerte verleiht Ihren Fotos eine oft „zeitlose", aber auch abstrakte Bildästhetik. Der Fokus wird auf Formen, Strukturen und Linienführung gelegt. Die Architektur-, Stillleben- und Landschaftsfotografie spielt gerne damit. In der Portraitfotografie kann das „Betonen" des Hell-Dunkel-Kontrasts ein Bild noch wirksamer machen. In der Schwarzweißfotografie erzeugen Sie Dreidimensionalität mit dem Zusammenspiel von Licht und Schatten – damit modellieren Sie Gesichter und erzeugen den passenden Raum.

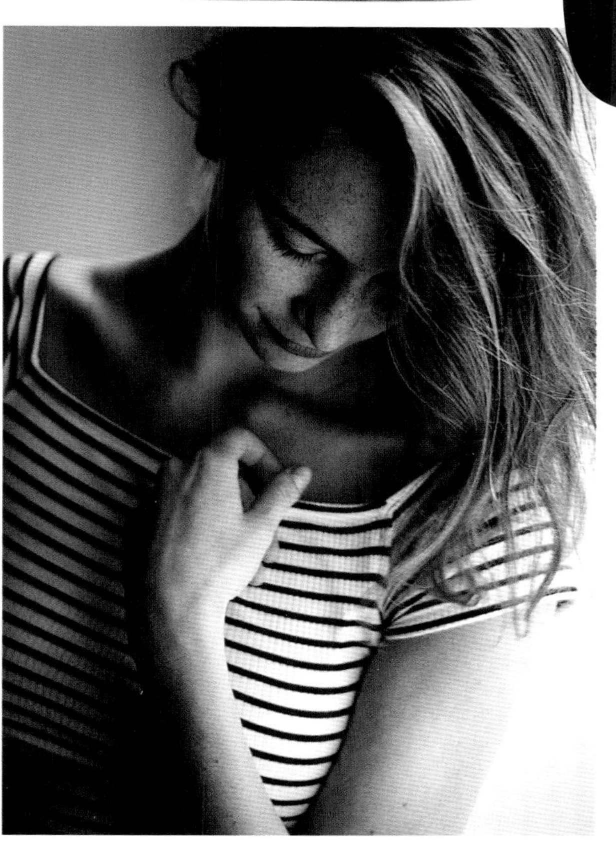

Lisa in meiner Bruchbude in Berlin. Um eine plastische Ausleuchtung zu erreichen, setzen Sie bei FensterPortraits das Licht auf die »kurze Kopfseite« – was gleichzeitig bedeutet, dass der Schatten auf der langen Seite (der dem Licht abgewandten Seite) erscheint. Außerdem wirkt ein langer Hals in der Regel sehr weiblich und in Verbindung mit einer dynamischen Pose fast unschlagbar.

SCHWARZWEISS IST MEHR ALS EIN ENTSÄTTIGTES

BILD

Schwarzweiß zu fotografieren, erfordert die Fähigkeit, einen guten Kontrast zwischen Licht und Schatten zu finden. Das ist alles! Die Umwandlung in Schwarzweiß kann ein schlechtes Foto nicht retten. Im Gegenteil: Die Reduzierung auf seine Hell-Dunkel-Kontraste (Grauwerte) offenbart den Mangel an Wissen um Lichtsetzung drastisch.

Wenn wir in Farbe fotografieren, kann man verschiedene Flächen (Distanzen) durch ihre Farbigkeit trennen. Bei der Schwarzweiß-Fotografie gibt es diese Möglichkeit nicht. Daher ist oft ein sogenanntes Kantenlicht essenziell. Mit einer von hinten gegen die Kamera gerichteten Lichtquelle (im Beispielfoto das Gegenlicht des Fensters) wird um die Person herum ein Lichtsaum erzeugt, der sie vom Hintergrund trennt und Bildtiefe erzeugt.

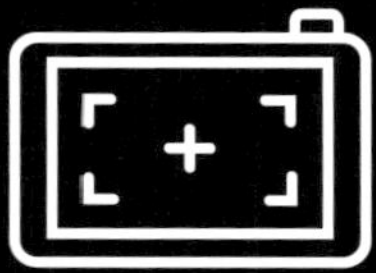

Stellen Sie den Sucher bzw. das Display Ihrer Kamera auf Schwarzweiß, um sich in jeder Hinsicht auf die gestalterischen Aspekte des Fotos zu konzentrieren. In Schwarzweiß lässt sich das Licht besser deuten und Schattenverläufe sind besser wahrnehmbar.

DAS GEHEIMNIS DES LICHTS

„Ich arbeite instinktiv und lasse mich am Set vom Licht inspirieren. Man muss einfach hinschauen. Es ist natürlich gegeben und das mache ich einfach nach. Je mehr wir das Licht tun lassen, was es sowieso tut, desto besser ist es. Beim Beleuchten kommt man oft in eine Sackgasse, man hat immer mehr Aufwand betrieben, und man ist nicht zufrieden. Das Ergebnis wird immer schlechter. Oder immer absurder: Man hat 50 KW angeschaltet und fotografiert einen Apfel, der am Tisch liegt. Da hilft nur: Alles abschalten und von null neu anfangen."

Kameramann Christian Berger („By the Sea", „Das weiße Band")
über das Licht

Hartes Sonnenlicht wird in Filmen und Fotos oft verwendet, wenn Szenen eine harte Realität versprühen sollen oder negative Emotionen vorherrschen. So sehen wir Michael Douglas in dem knallharten „Falling Down" von 1993 (Regie: Joel Schumacher) im direkten Sonnenlicht, schwitzend, mit harten Schatten im Gesicht, wenn er sich seinen Weg durch den Großstadtdschungel bahnt und dabei auf allerlei böse Buben trifft.

Vom Film lernen

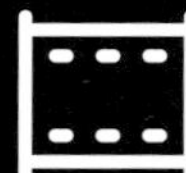

Machen Sie nicht den Fehler, dem Licht oder der Location mehr Aufmerksamkeit zu schenken als dem Menschen. Im Mittelpunkt steht immer die Person vor Ihrer Linse.

VOM ERARBEITEN EINER SZENE

Folgendes Szenario: Sie stehen mit Ihrem Modell an einer Steintreppe irgendwo in der Stadt. Die Sonne geht unter und sendet ihre letzten Strahlen über den Asphalt. Die Steintreppe fungiert als Szene/ Location. Die untersten drei Stufen liegen im Schatten; erst auf der vierten Stufe trifft das Sonnenlicht auf unser Modell.
Sie sagen zum Modell: „Geh langsam die Treppen hoch. Versuche das Licht auf deiner Haut zu spüren. Merkst Du, wie es plötzlich auf deine Stirn trifft, auf die Wangen, deinen Hals?"

Das Modell wird sich konzentrieren, es wird den Moment herbeisehnen, an dem die Sonnenstrahlen die Haut berühren. So eine kleine Szene reicht in der Regel vollkommen aus, um gute Ergebnisse zu erzielen. Sie geben dem Modell eine Aufgabe, die es lösen muss. Wenn das Licht auf die Augen fällt, wird sich Ihr Modell intuitiv bewegen und beispielsweise den Kopf leicht wegdrehen, die Augen schließen oder sinnlich ins Licht eintauchen. Sie haben den Spieltrieb Ihres Modells freigesetzt.

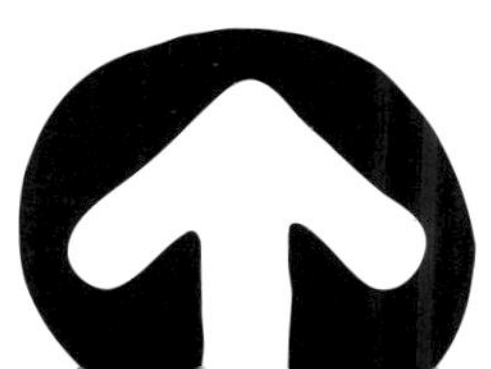

SEIEN SIE KREATIV

Wissen Sie, worum es sich bei der in der Fotografie häufig zu findenden „chromatischen Aberration“ handelt? Wir auch nicht! Bitte besorgen Sie sich zur Lösung dieses Rätsels einen der vielen Fotoratgeber auf dem Markt oder fragen Sie Dr. Google.

Was tun, wenn Sie sich keine professionellen Modelle leisten können? Kein Problem, schnappen Sie sich einfach einen Bekannten oder eine Arbeitskollegin! Sie haben kein Studio parat? Was soll's! Ihr Zimmerfenster reicht völlig aus. Sie wissen nicht, wie Sie eine überzeugende Pose ausarbeiten? Nun, dann fotografieren Sie „zwischen“ die Posen hinein, genau in dem Moment, in dem sich das Modell entspannt.

Wenn Sie ein Portrait mit der kalten Hand des Analytikers anfertigen, so bleibt die Spontaneität auf der Strecke, jene von Zufall und Bauchgefühl geprägte Methode, die es Ihnen erlaubt, in jedem Shooting intuitiv auf Licht und Modell zu reagieren, sodass die Arbeit schöpferisch bleibt und nicht zur Reißbrettarbeit verkommt. Sie werden lernen, ein menschliches Gesicht wie eine Leinwand zu betrachten, der es gilt, Leben einzuhauchen.

ANGEBERBILD „PRAHLHANS“

Um ein solches Foto zu machen, arbeiten Sie bitte mit einem erfahrenen Modell zusammen. Auch wenn Ihnen ihre Arbeitskollegin in den Ohren liegt, dass sie ja auch schon mal bei Onkel Erhard vor der Kamera posiert habe – bitte glauben Sie uns: Jene dynamischen Posen sehen eben darum so spektakulär aus, weil das Modell genau weiß, wie es seinen Körper in die richtige Spannung bringt.

Es gibt Menschen, die aus Berufs- oder Hobbygründen körperlicher agieren als andere. Besonders Schauspieler, Tänzer, Sportler oder Musiker eignen sich gut für dynamische Portraits. In der Regel haben sie ein gutes Körpergefühl und es fällt ihnen leicht, ihren Körper in Spannung zu versetzen. Suchen Sie sich gezielt Modelle, mit denen sie „körperbetont“ arbeiten können.

Homo Steifus.
Viele moderne Menschen sind steif und besitzen nur wenig Körpergefühl. Wie auch? Sie sitzen den ganzen Tag vor dem Computer, fahren mit der U-Bahn, glotzen Serienmarathons vor dem Bildschirm und strecken ihre müden Glieder zum Schlafen auf billigen Matratzen nieder.

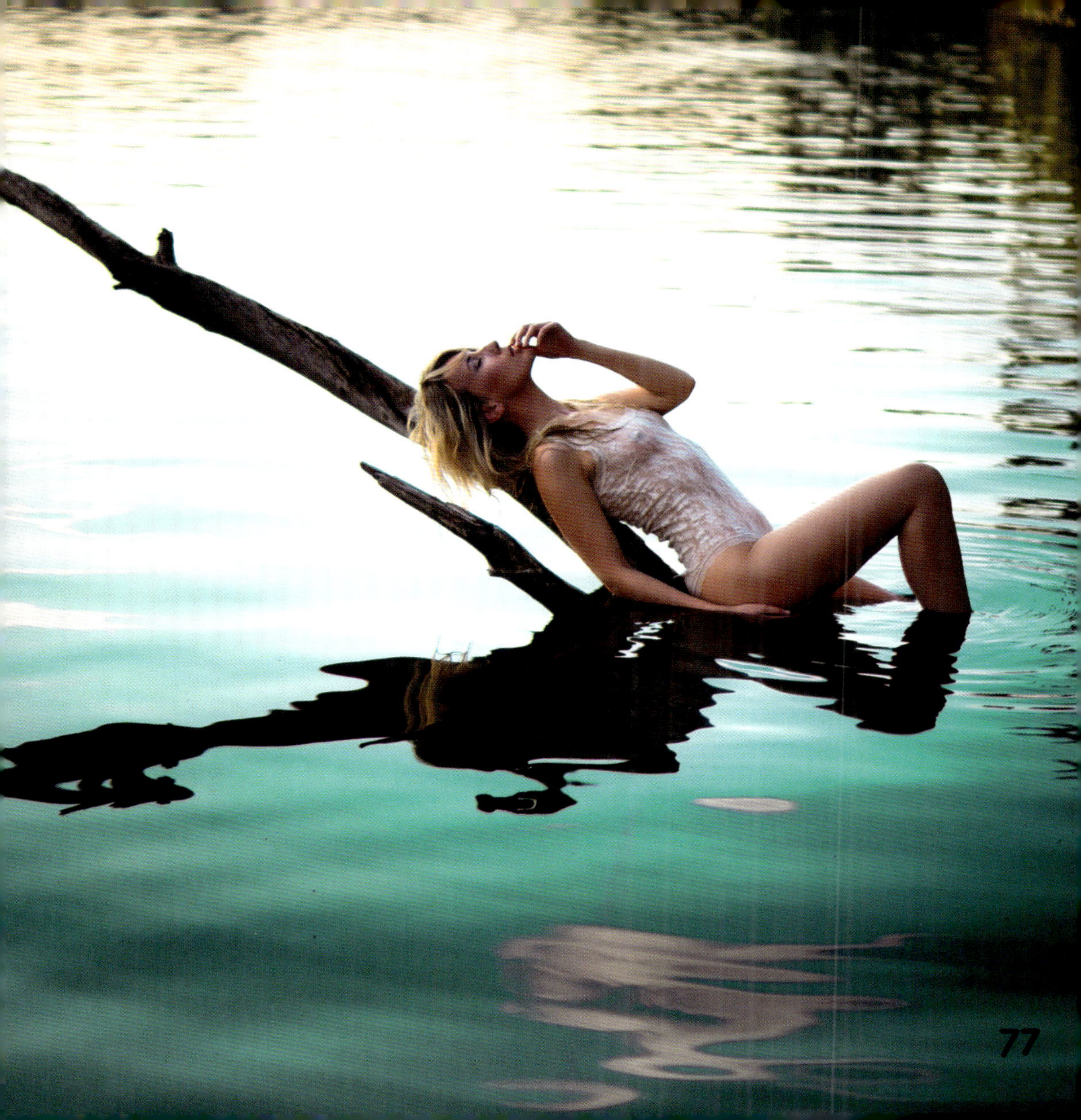

AN LEI TUNG

Das Portrait: Werden Sie kreativ

1. Sollte es bei Ihnen in der Stadt nur Betonwüsten geben, verlassen Sie bitte Ihre Komfortzone und fahren Sie aufs Land.

2. Sorgen Sie um Himmels willen dafür, dass sich das Modell wohlfühlt. Und kommunizieren Sie, um welche Art Foto es sich handelt. Der richtige Ausdruck ist nicht „Prahlhans“, sondern „Beautyaufnahme“.

3. Bei dieser Art Fotos entscheidet die Pose über Sieg oder Niederlage. Mit einem sportlichen und professionellen Modell sind Sie also klar im Vorteil.

4. Präsentieren Sie das Bild mit einer englisch konnotierten Bildunterschrift auf den sozialen Medien, etwa: „Addition of Light Divided!“ Man wird sie dafür lieben.

Allein die Bitte an Ihr Modell, statt durch die Nase durch den Mund zu atmen, wird Ihnen Dutzende unterschiedliche Ausdrücke bescheren. Ein leichtes Zusammenkneifen der Augen kann dazu führen, dass sich ein unsicherer Mensch vor Ihren Augen in einen stolzen Schwan verwandelt.

AUS DEM

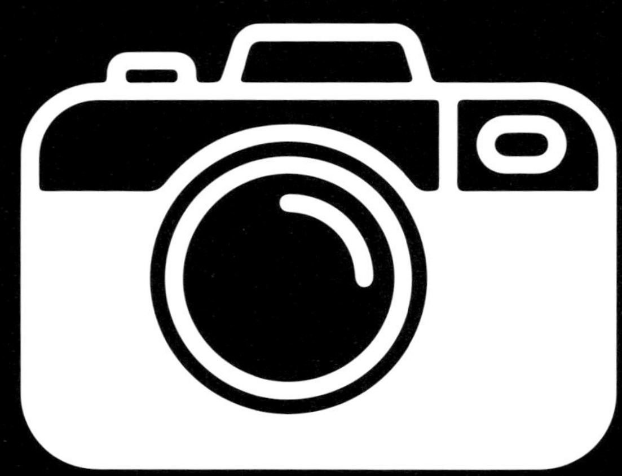

FOTOGRAFENLEBEN

Um Ihr Modell dynamisch in Szene zu setzen, können Sie mit dem sogenannten negativen Raum arbeiten. Vermeiden Sie am Körper angelegte Arme und schaffen Sie durch Freiraum zwischen Körper und Armen eine gut sichtbare Abgrenzung der Gliedmaßen.

Entspannung und eine gemütliche Atmosphäre sind wichtig am Set. Nur die wenigsten Menschen können sich aus dem Stehgreif in den „Flow“ bringen. Viele sind dankbar, wenn man ihnen einen Ansatz bietet, sie an der Hand nimmt und kreative Aufgaben einflechtet. Es gibt keine Fehler, die ein Modell machen kann. Ähnlich wie beim Brainstormen ist alles erlaubt und man nähert sich Schritt für Schritt der Vision an. Der Trick ist, etwas zu finden, was eine emotionale Bindung zum Modell herstellt. Es gibt immer mehr als einen Weg in ein Gebäude.

Geizen Sie nicht mit Feedback. Schon das kleine Kind möchte getätschelt werden, wenn es zum ersten Mal alleine auf die Toilette geht oder ein Wort spricht. So ist es auch bei unseren Modellen. Sie wollen wissen, warum sie eine Pose immer und immer wieder einnehmen, wo doch schon so viele Fotos gemacht wurden. Sie müssen sich die Zeit nehmen, auf die fragenden Blicke einzugehen. Oft reicht es schon, wenn Sie sagen, dass Sie noch etwas an der Lichtsetzung arbeiten oder ein Haar am Gesicht gestört hat.

PRODUKTFOTOGRAFIE

Ob für Ebay, den eigenen Website-Shop oder für Kunden. Ein gutes und professionelles Produktfoto erhöht Ihre Erfolgschancen drastisch.

Die Lichtbox als Freund – um Produkte für einen Shop oder online schick zu präsentieren, bieten sich sogenannte „Lichtboxen" an. Sie sorgen für einen „weißen" Hintergrund, sodass nur das Produkt selbst zur Geltung kommt.

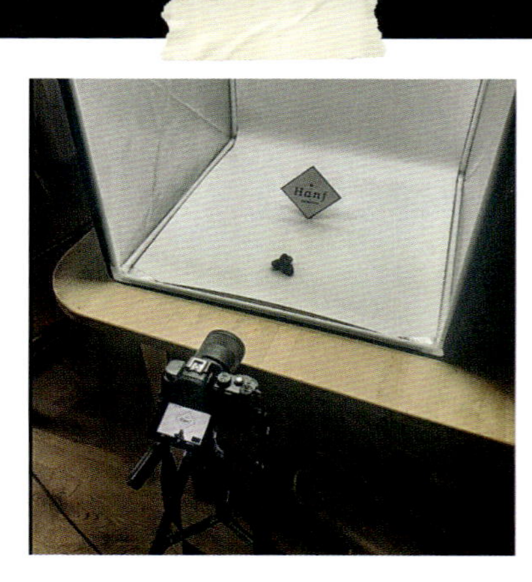

DAS STATIV

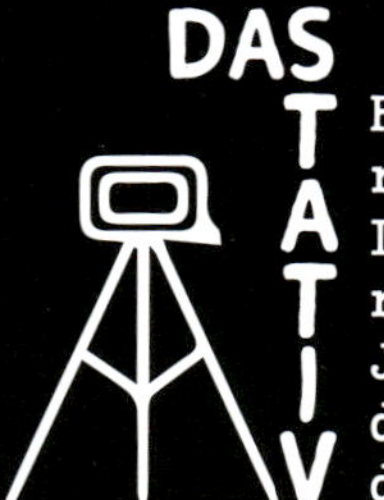

Für die Produktfotografie können Sie endlich wieder einmal Ihr Stativ benutzen, dass Sie normalerweise nur einmal im Jahr hervorkramen, um damit die Spinnweben an der Zimmerdecke wegzumachen.

Eine kleine Blende (f16) sorgt für eine durchgehende Schärfe. Der Cryptex und die Blüten wurden in der Lichtbox (gegenüberliegende Seite) fotografiert.

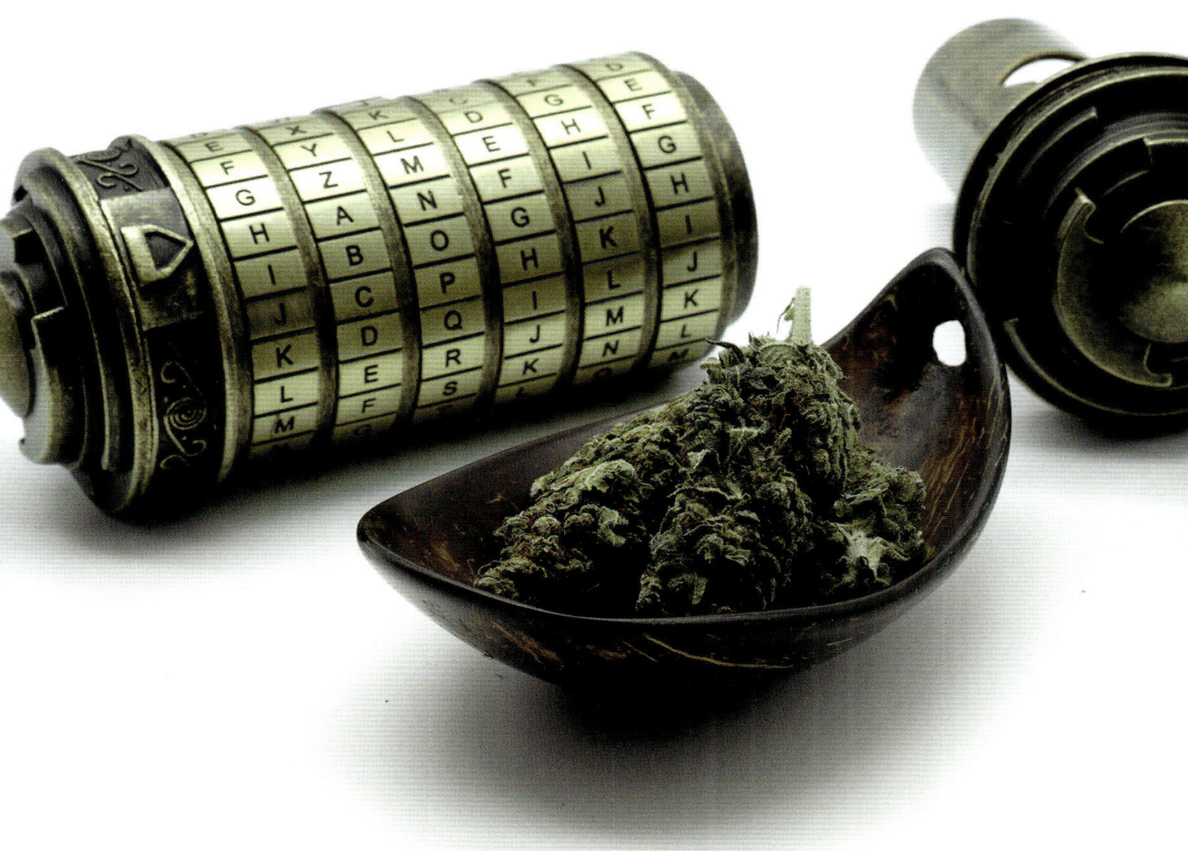

ANLEITUNG

1. Besorgen Sie sich ein Stativ mit beweglichem Kopf, um in der Bildgestaltung frei zu sein.

2. Mit einer Makrolinse fördern sie Details zu Tage.

3. Beim Arrangieren ist Fingerspitzengefühl gefragt. Sollten Sie kein Gespür für die Anordnung haben, befolgen sie zumindest die alte Regel: „Vordergrund macht Bild gesund“, die hier ihre Gültigkeit beweist.

4. Arbeiten Sie mit der Zeitauslösung Ihrer Kamera, um Verwacklungen zu vermeiden.

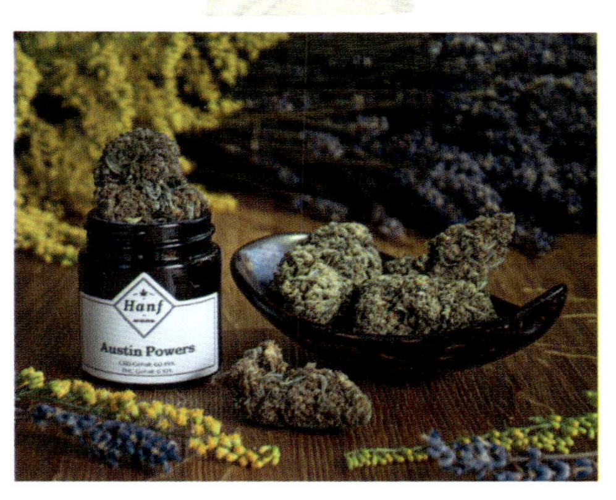

Für ein deutschsprachiges Cannabis-Unternehmen fotografiert. Die legal erhältlichen und von psychoaktiven Stoffen freien CBD-Blüten erfordern ein Auge fürs Detail und knackscharfe Bilder. Die hier zu sehende blumige Dekoration fand sich auf einer Wiese.

Vor Ort im CBD-Laden. Um einen dramatischen Effekt zu erzielen, greifen Sie auf eine Langzeitbelichtung zurück.

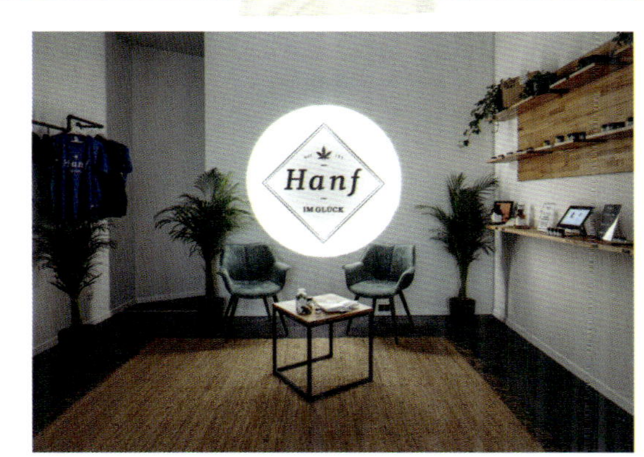

Hier erfüllt die weiße Gardine mehrere Aufgaben. Der helle Stoff reflektiert das Licht und hüllt Maja in einen weichen Schleier. Überdies lässt sich die Gardine spielerisch ins Shooting einbauen: Die Haut reagiert auf den feinen Stoff und sorgt für Stimulanz, die die Sinne anregt - meist ist nur ein kleiner Anstoß nötig, um den Spieltrieb Ihres Modells auszulösen.

„Als gute Fotografen dürfen wir nicht das gewöhnliche Zimmer sehen, in dem wir das Modell fotografieren. Unsere Ästhetik, unser Empfinden muss vom Sucher der Kamera definiert werden. Wir blenden alles Überflüssige aus und erschaffen eine „neue" Umgebung.

Durch eine überlegte Kadrierung können wir jeden Raum zu unseren Gunsten gestalten. Wir verwandeln die billige IKEA-Gardine in eine seidene Ahnung längst vergangener Epochen. In unserer Hand wird das Zimmerfenster zu einer transzendentalen Lichtpforte, der Raum zur Zeitmaschine in die fantastischen Regionen unserer Vorstellung."

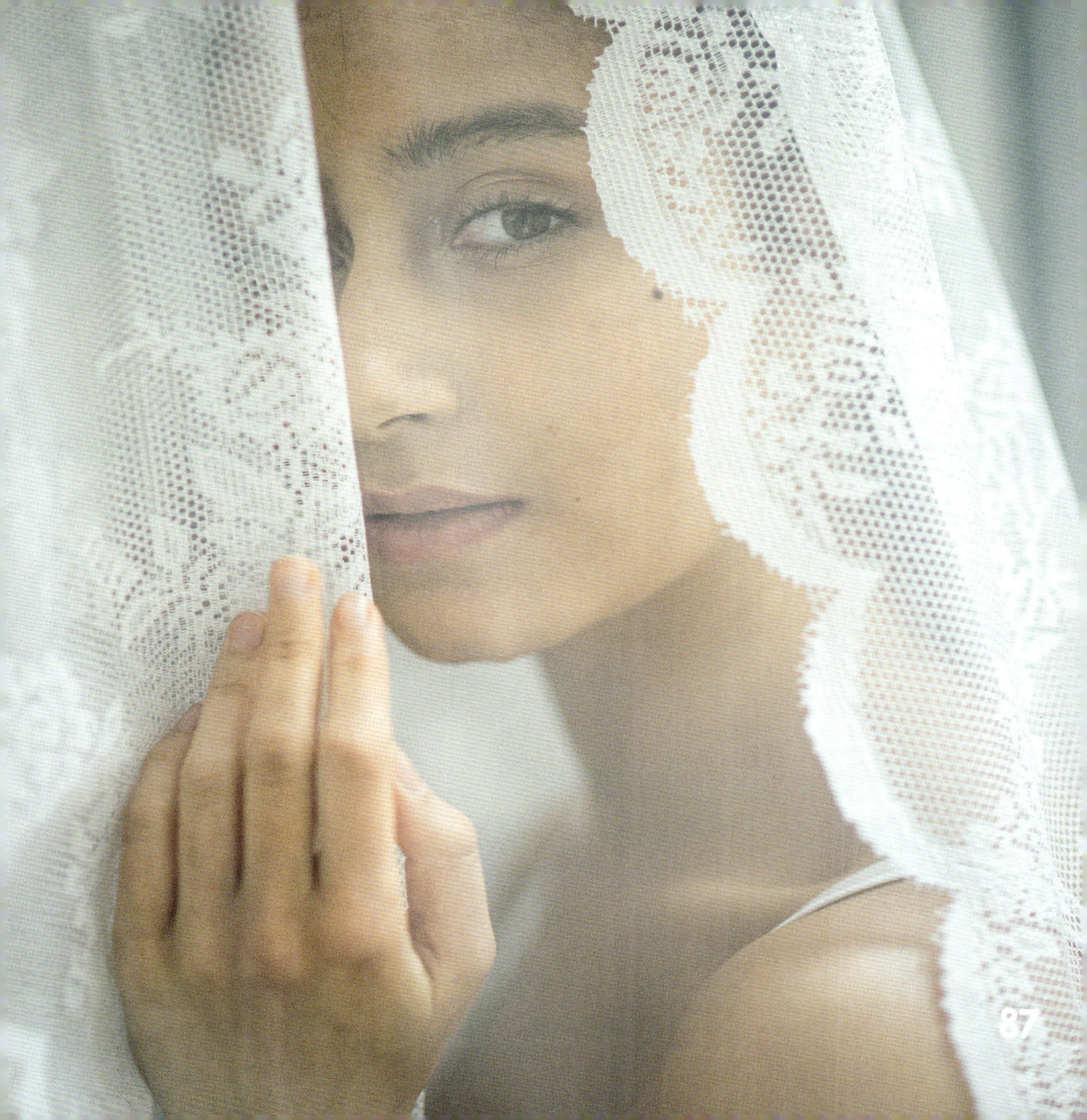

DIE HOCHZEITSFOTOGRAFIE

Blobfische gelten laut einer Umfrage als die hässlichsten Tiere der Welt und ähneln einem kahlköpfigen, mürrischen alten Mann. Das hat zwar nichts mit Fotografie oder gar einer Hochzeit zu tun, aber wir finden es ziemlich interessant.

In der Hochzeitsfotografie gab es in den letzten Jahren eine Tendenz, die Feierlichkeiten dokumentarisch zu fotografieren. Weniger Inszenierung, dafür mehr echte Emotionen. Schnappschüsse statt: „Und jetzt alle mal Cheese!" Doch was immer noch gilt – sie müssen abliefern. Daher unser Tipp: Trinken Sie nie mehr als der Brautvater. Er ist es in der Regel, der Sie bezahlt. Bleiben Sie cool, wenn sich der schnauzbärtige Onkel dritten Grades mit seiner neuen Leica (die mehr kostet als die Jahresmiete Ihrer Wohnung) vordrängt, um „auch ein paar Schnappschüsse" zu machen. Wenn Sie ihre Sache gut machen, werden sie weiterempfohlen, und einem regelmäßigen Einkommen steht nichts mehr im Weg. Denken Sie daran: Mundpropaganda ist immer noch eine der stärksten Waffen.

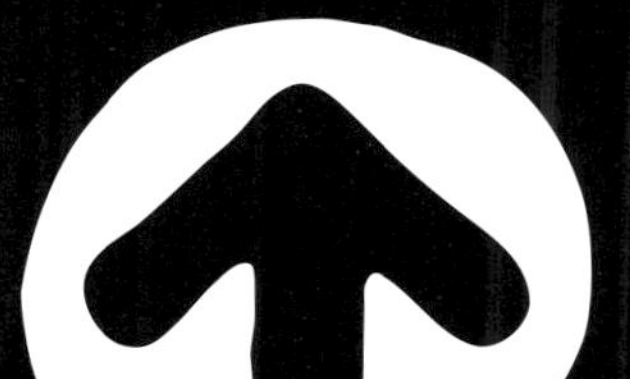

DAS

GRUPPENFOTOGRUPPENFOTOGRU
PENFOTOGRUPPENFOTOGRUPPENFOT
GRUPPENFOTOGRUPPENFOTOGRUPP
FOTOGRUPPENFOTOGRUPPENFOT
GRUPPENFOTOGRUPPENFOTOGRU
PENFOTOGRUPPENFOTOGRUPPE
FOTOGRUPPENFOTOGRUPPENFOT
GRUPPENFOTOGRUPPENFOTOGRU
PENFOTOGRUPPENFOTOGRUPPEN

Bei Hochzeiten finden sich in der Regel Menschen zusammen, die unter normalen Umständen nicht einmal in derselben Stadt wohnen wollen würden. Zerstrittene Verwandte, Ex-Partner, trocken geglaubte Alkoholiker-Onkel und verhasste Kinder. Um die ganze Horde für ein Gruppenfoto zusammenzutrommeln, erfordert es eine gehörige Portion Glück oder das Eingreifen einer resoluten Tante, die mit ihrem militanten Auftreten dafür sorgt, dass wirklich jeder aufs Foto kommt. Was heißt das für Sie? Wählen Sie ein schattiges Plätzchen und eine hohe Blende (ab f8). Hier geht es nicht um Kunst! Fotografieren Sie die Menschen, alle Anwesenden, ohne Ausnahme. Das ist alles. Am Ende wird man Sie nicht für Ihre kreative Langzeitbelichtung während des Brauttanzes loben, nein, man wird Sie dafür kritisieren, dass Sie Oma Erna und Opa Erhard nicht öfter abgelichtet haben. Beten Sie außerdem für einen wolkigen Tag, damit Sie ihre Hochzeitsgemeinschaft gleichmäßig ausleuchten können.

Wenn Ihre Hochzeitsgesellschaft beim gemeinsamen Gruppenfoto partout nicht lachen will, greifen Sie einfach auf einen boshaften Scherz zurück: „Und jetzt alles lachen! Cheese!", und fügen Sie nach einer kurzen Pause hinzu: „Auch die Hässlichen!"

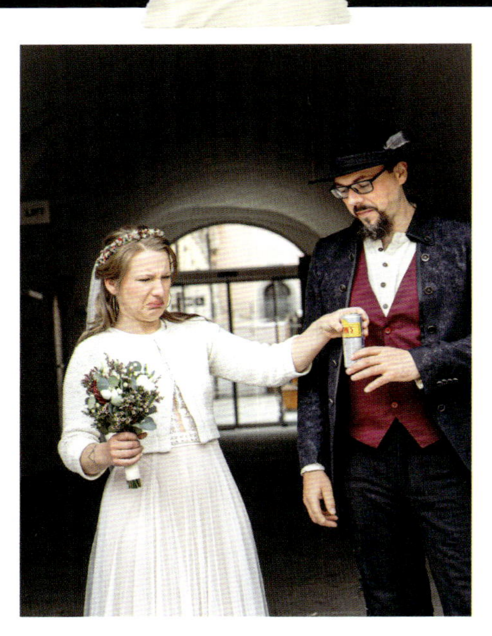

Halten Sie stets Ausschau nach dem richtigen Moment.

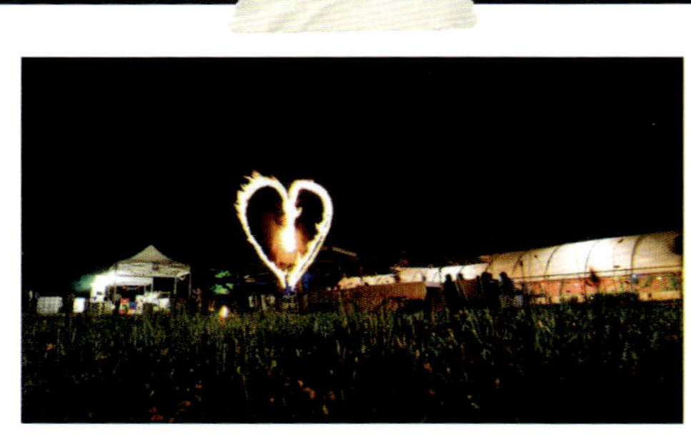

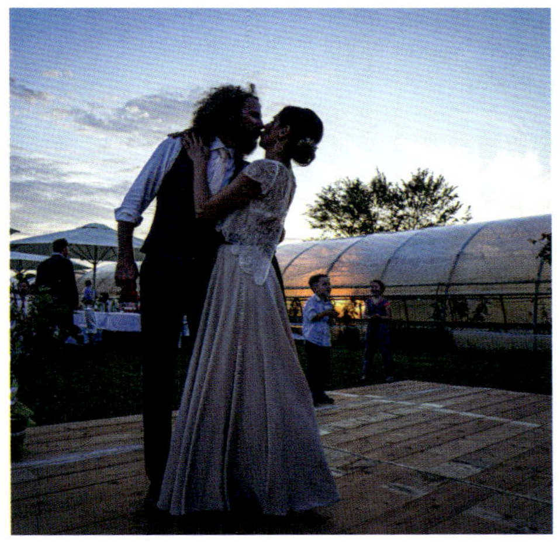

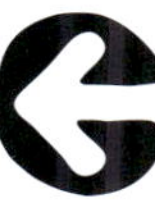

Das Hochzeitspaar in einer dynamischen Pose bei Sonnenuntergang. Mehr braucht es gar nicht.

Vergessen Sie Spielereien mit der Tiefenschärfe, aufwändige Bildgestaltung oder Gimmick-Shots. Solange jeder aus der Verwandtschaft auf dem Bild ist, kann nichts schiefgehen. Und wir meinen: wirklich ALLE! Auch der immer schon etwas verschrobene Onkel, der sich noch vor dem Brauttanz volllaufen lässt und jedem ein Ohr abkaut.

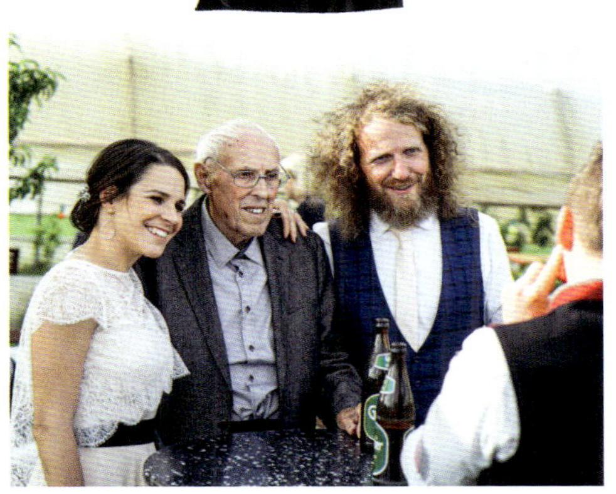

FOOD FOTOGRAFIE

Um das Essen appetitlich und verführerisch aussehen zu lassen, greifen Werbefotografen tief in die Trickkiste. Haarspray für mehr Glanz, Schmieröl als Honig für Pfannkuchen und Rasierschaum als Ersatz für die echte Bierkrone. Lang lebe der Foodporn!

FOOD-FOTOGRAFIE

Diese Ausgeburt menschlicher Dekadenz bedarf keiner literarischen Behandlung. Nur so viel: Essen Sie das Essen lieber.*

* Am besten, nachdem Sie es mit unserem charmanten Kochbuch „Zum Scheißen reichts" zubereitet haben.

~~DINGE, DIE KEIN FOTOGRAF TUN SOLLTE~~

Da uns unsere Leserinnen und Leser am Herzen liegen, haben wir weitere Dinge aufgeschrieben, ...

... DIE SIE ALS FOTOGRAF UNTER KEINEN UMSTÄNDEN TUN SOLLTEN:

- keine Selfies mit Wildtieren
- mit einem Teleobjektiv direkt in die Sonne gucken
- keine (leicht bekleideten) Frauen an Lost Places oder in Rapsfeldern
- die Lofoten in Langzeitbelichtung fotografieren
- nicht mit der teuren Profiausrüstung durch die Slums wandern, um authentische Armut zu dokumentieren

Wenn Sie etwas Kleingeld auf der hohen Kante haben, können Sie sich das Fotobuch über die Kunst der Sixtinischen Kapelle des Verlags Callaway Arts gönnen. Um die von Michelangelo, Botticelli und anderen Künstlern gemalten Wandgemälde 1:1 wiederzugeben, ist das Buch mit 61 x 43 Zentimeter und 11,3 kg großräumig angelegt. Besonderer Wert wurde in der fünf Jahre dauernden Arbeit auch auf die exakte Farbwiedergabe auf den 822 Seiten mit seinen 270.000 Fotos gelegt. Die limitierte Auflage des Buches ist für rund 20.000 Dollar ein richtiger Schnapper.

In der Aktfotografie wirken weiche Schattenverläufe besonders schön. Damit arbeiten Sie Wangenknochen, Schlüsselbeine und Körperrundungen plastisch heraus und schmeicheln der Hautstruktur.

Die sinnliche oder Aktfotografie gilt unter vielen männlichen Exemplaren der Fotografenzunft als erklärtes Ziel. Kaum haben sie einen Fotokurs besucht und in den sozialen Medien fünfzehn Likes abgegriffen*, ändern sie ihre Instagram-Beschreibung in „Aktfotograf" und zimmern ihr Portfolio mit nacktem Fleisch zu. Schlaue Individuen bezeichnen ihre Arbeit fortan als „Sensual Nude" oder „Fine Arts" – meist englisch konnotierte Euphemismen – die verschleiern sollen, dass es sich bei deren Adepten um notgeile Stelzböcke handelt. Plötzlich sind Tante Ernas Portraits im Garten nicht mehr gut genug. Nein, jetzt geht's ans Eingemachte: Nackige Menschen müssen her!

* Kombiniert mit abgedroschenen Copy-/Paste-Kommentaren der Marke „Voll schön!", „Megaschönes Foto!" oder „Wow!"

Dabei ist gegen die Aktfotografie beileibe nichts einzuwenden, wenn Sie denn dies eine wichtige Credo berücksichtigt: „Weniger ist mehr!" Beim Film gibt es den Lehrsatz, wonach man – um den größtmöglichen dramaturgischen Effekt zu erzielen – in eine Szene spät hinein – und früh wieder herausgehen sollte. In der Aktfotografie machen wir es ebenso: Scheuen Sie sich nicht davor, Erotik und Nacktheit zu zeigen, aber sorgen Sie mit der Lichtsetzung und der Kadrierung dafür, dass alles einen Hauch von Flüchtigkeit versprüht. Bereits Ingeborg Bachmann wusste, dass jene, die die Geheimnisse des Bettes verraten, die Liebe nicht verdienen.

„Ich will nackte Körper fotografieren. Da kannst du mir hundertmal etwas über Stil und Progression erzählen. Für mich ist Stil ein draller Busen, ein nackter Po!

Unbekannt*

* wahrscheinlich männlich

AN LEI TUNG

Überzeugen Sie Ihr Modell von der Wichtigkeit der Bewegung. Nur durch die fließenden Bewegung des Körpers sind wir als Fotografen in der Lage, dynamische Posen zu erkennen und ausdruckstarke Posen zu erarbeiten. Übrigens: Der puertoricanische Schauspieler Benicio del Toro („Wolfman“, „Sicario“) gilt als einer der fotogensten Menschen der Welt. Laut einer Studie ist es nahezu unmöglich, ein schlechtes Foto von ihm zu machen.

1. Fotografieren Sie mit einer großen Lichtquelle, z. B. einem großen Fenster. In der Aktfotografie wirken weiche Schattenverläufe besonders schön. Damit arbeiten Sie den Körper plastisch heraus und schmeicheln der Hautstruktur.

2. Wenn Sie mit Offenblende fotografieren, können Sie Teile des Körpers in Unschärfe legen.

3. Die Aktfotografie lebt von ihrer Reduktion auf das Wesentliche und dem Spiel mit Linien und Formen.

„Ein guter Stil ist es, mit möglichst wenigen Worten das zu sagen, was man zu sagen hat.“

John Gardner

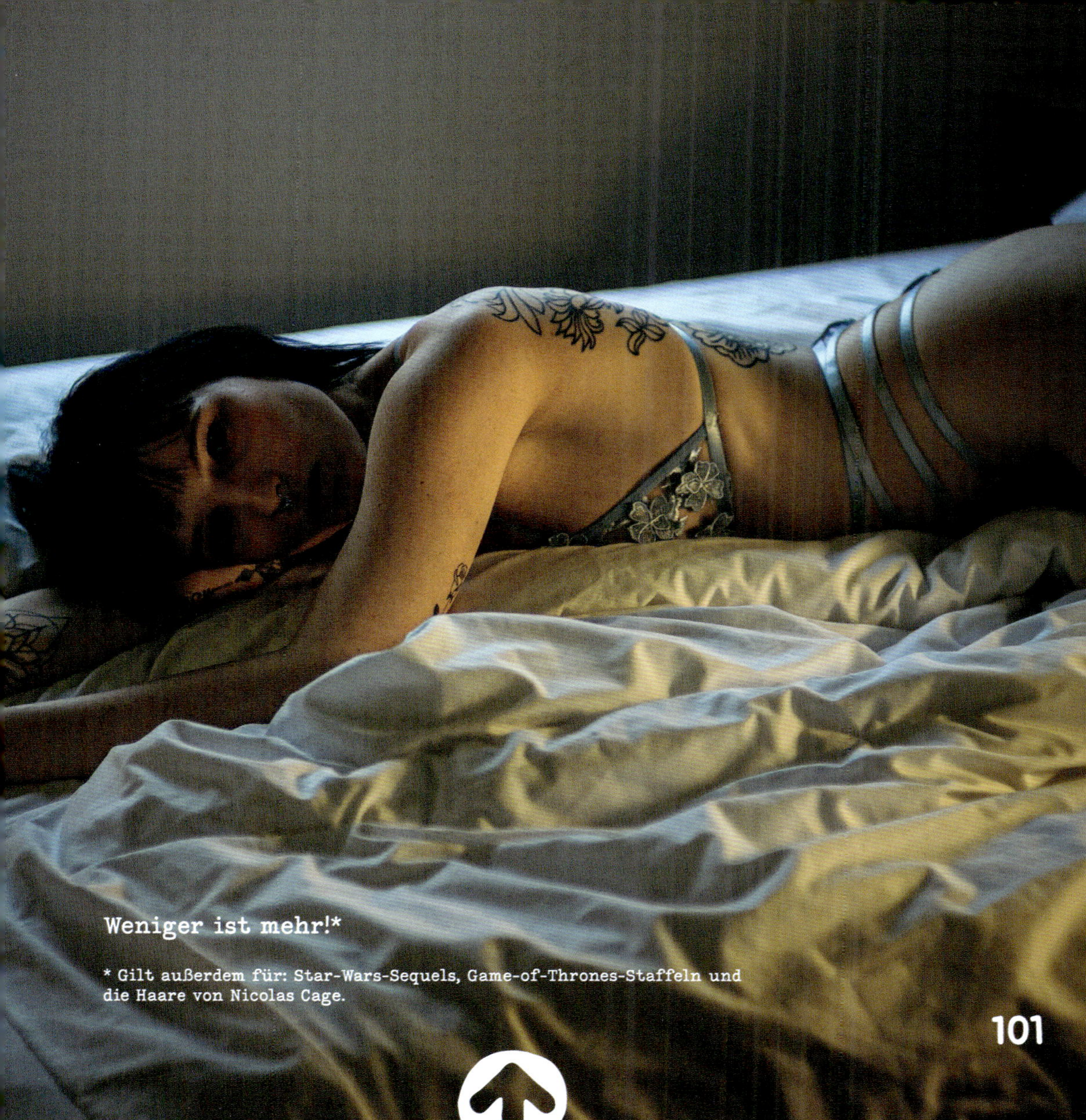

Weniger ist mehr!*

* Gilt außerdem für: Star-Wars-Sequels, Game-of-Thrones-Staffeln und die Haare von Nicolas Cage.

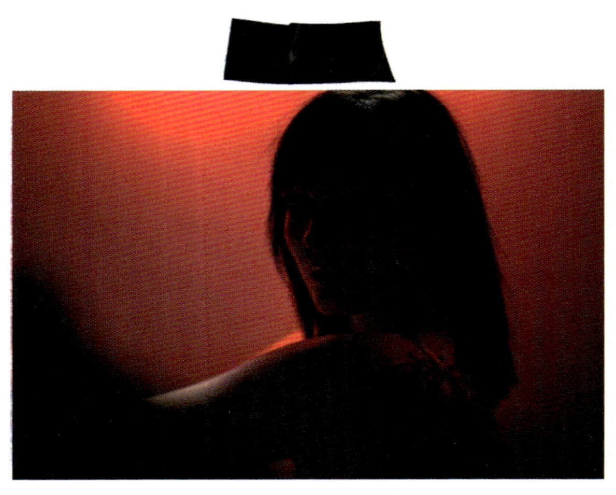

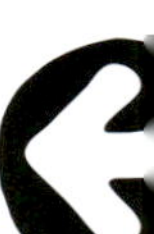

Im Zweifel immer mit Gegenlicht arbeiten. Gegenlicht sorgt für einen wunderbaren Lichtsaum um Lexas Körper. Die Schattenverläufe bleiben dadurch weich und schmeicheln der Haut.

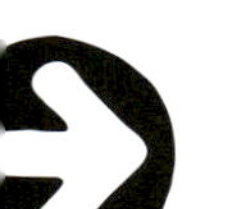

Making-of-Bild vom Hotelzimmer. Lexa inspiziert die (hoffentlich guten) Fotos.

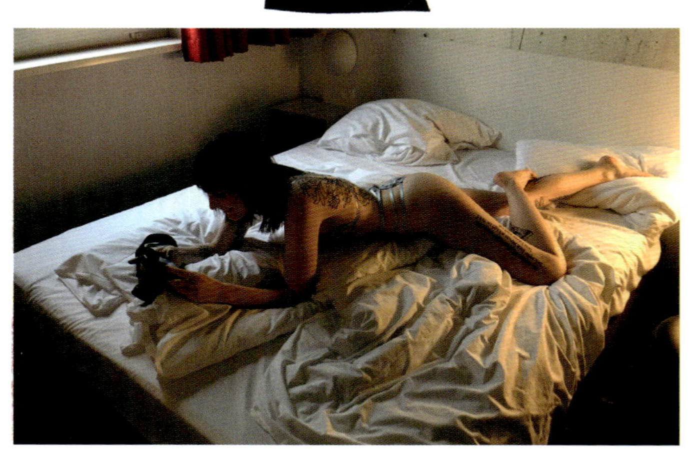

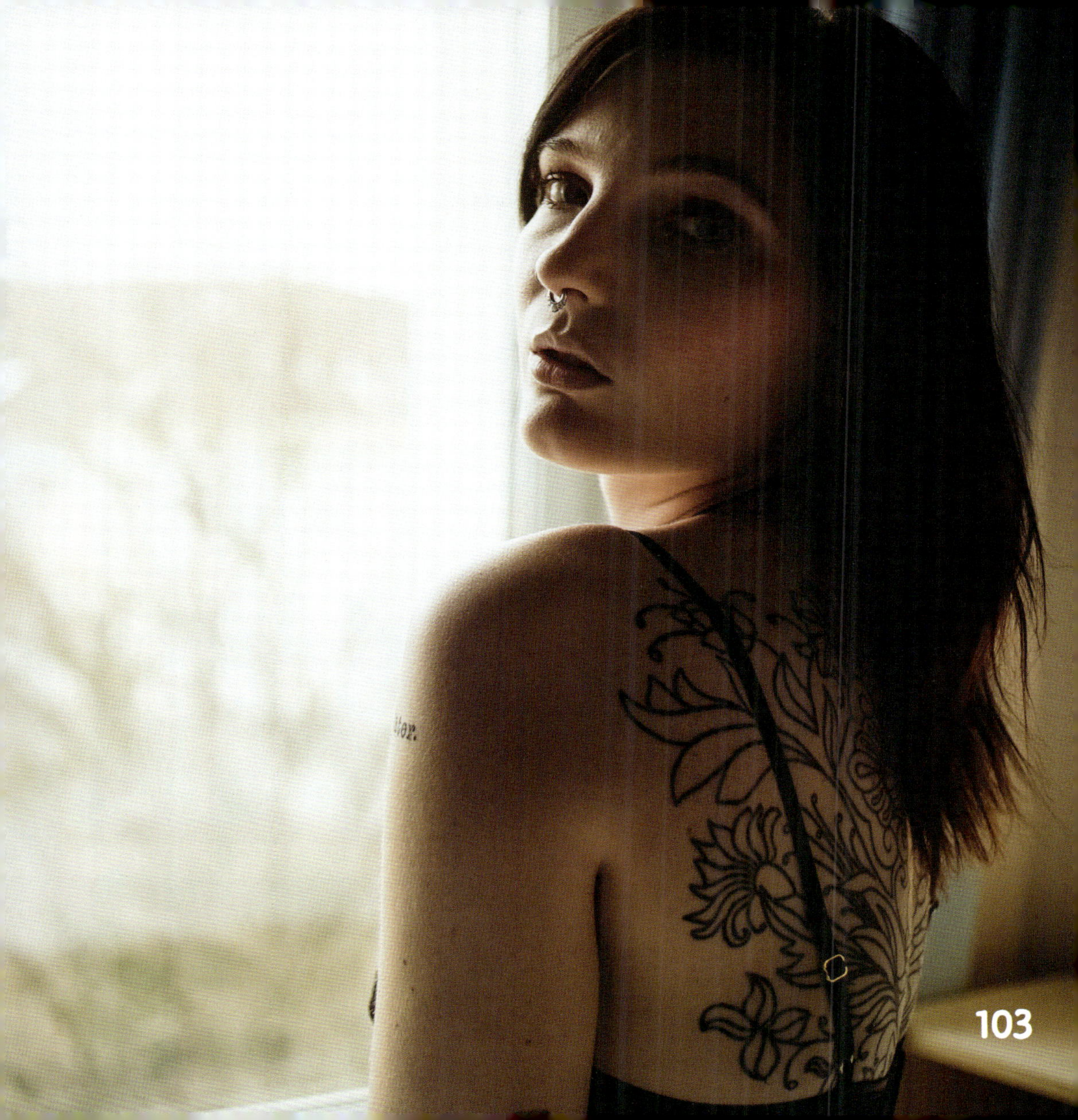

Spielerisch fotografieren: Fragen Sie Ihr Modell nach seiner Lieblingsfilmszene in einem Film, nach seinem Lieblingslied, versuchen Sie Emotionen auszulösen, seine Erinnerungen zu entzünden, und es werden Funken fliegen. Denken Sie sich kreative Aufgaben aus – jeder schöpferische Akt ist auch ein Spiel. Überraschen Sie Ihr Modell, scheuen Sie sich nicht, den ersten Schritt zu machen. Wenn Sie kommunizieren, werden Sie eine Reaktion erhalten.

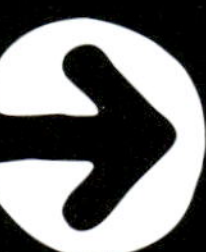

Die Aufnahmesituation:
Das letzte Licht vom Tag trifft auf den Balkon. Was macht eine Frau mit Dessous auf dem Balkon?

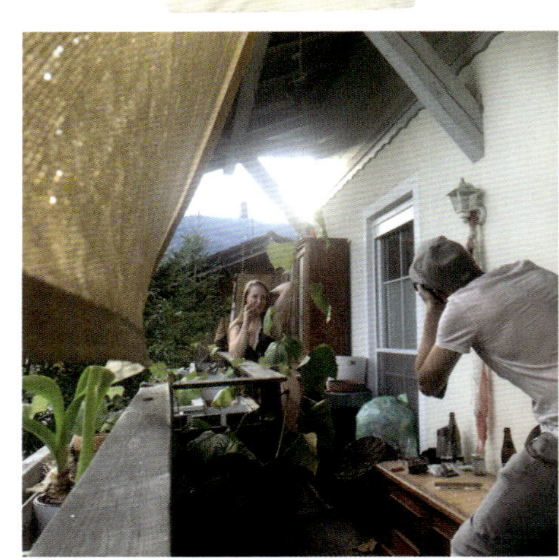

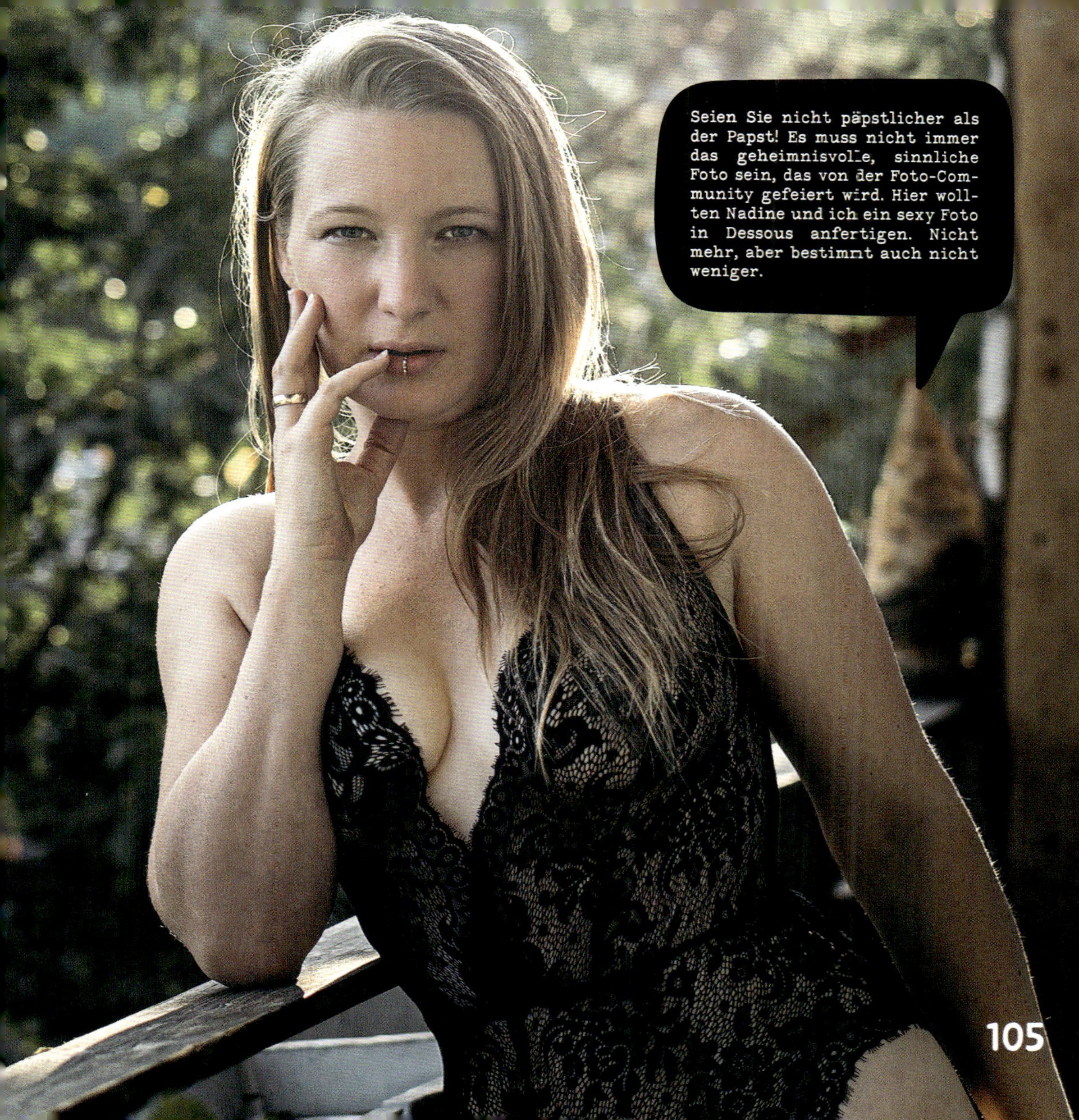
Seien Sie nicht päpstlicher als der Papst! Es muss nicht immer das geheimnisvolle, sinnliche Foto sein, das von der Foto-Community gefeiert wird. Hier wollten Nadine und ich ein sexy Foto in Dessous anfertigen. Nicht mehr, aber bestimmt auch nicht weniger.

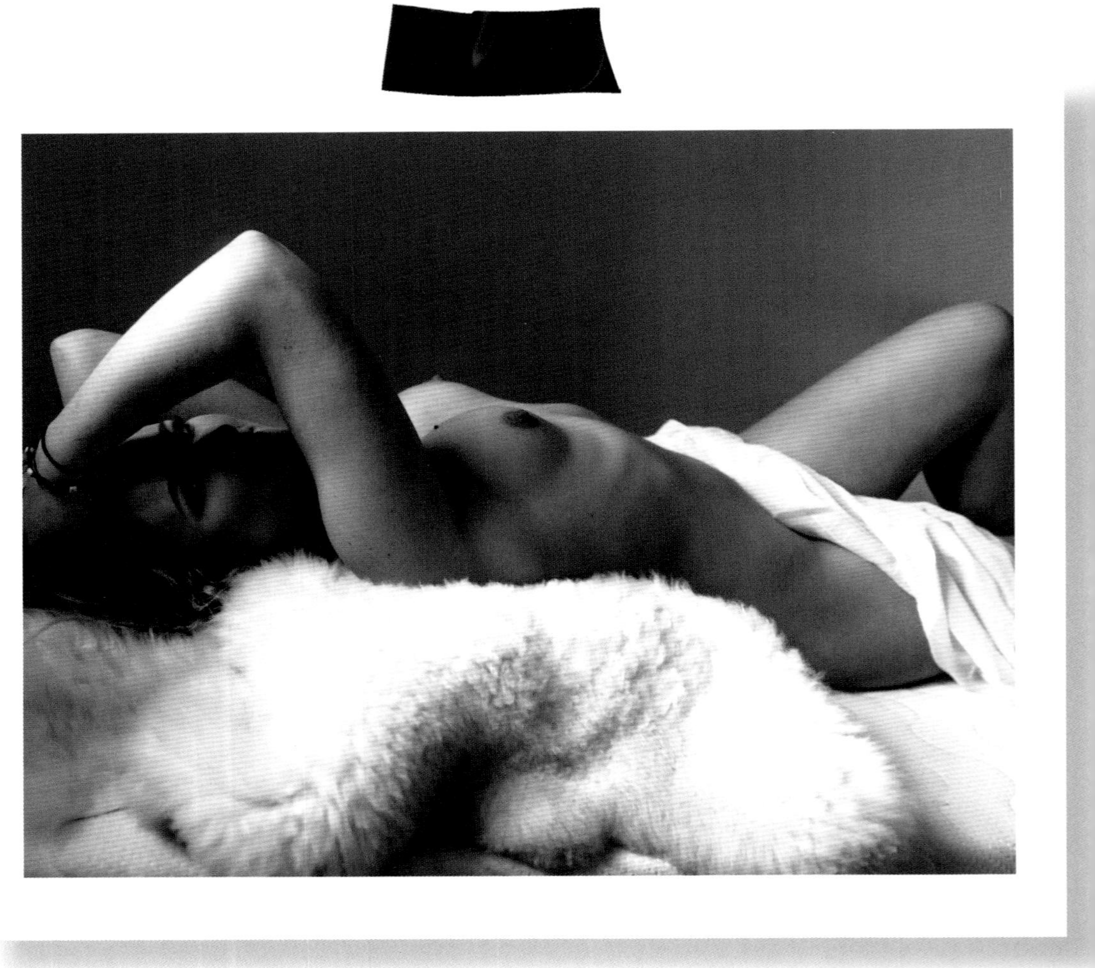

Vergessen Sie außergewöhnliche Locations, schicke Hotelzimmer, verlassene Bahnhofsgebäude oder Rapsfelder – konzentrieren Sie sich aufs Wesentliche!

KARDRIERUNG HEISST DAS ZAUBERWORT

Als der große japanische Regisseur Akira Kurosawa einmal vom nicht minder genialen Regisseur Sidney Lumet gefragt wurde, warum er einen Bildausschnitt genau so und nicht anders gewählt hatte, antwortete Kurosawa: „Na, wenn ich die Kamera geschwenkt hätte, wäre die Fabrik von Sony oder der Flughafen im Bild zu sehen gewesen. Und beides passt nicht so richtig in einen Historienfilm." Denken Sie an diese Worte, wenn Sie das nächste Mal Ihre schäbige Studentenwohnung für ein Fotoshooting auswählen: Es ist nahezu überall möglich, schöne Bilder zu machen, wenn Sie das Licht richtig lesen lernen. Ob ranzige Studentenwohnung, trostlose Ein-Zimmer-Mansarde oder „Charles Bukowski"-Gedächtnis-Absteige – wenn es in Ihrer Bruchbude ein Fenster gibt, steht einem guten Portrait nichts im Weg.

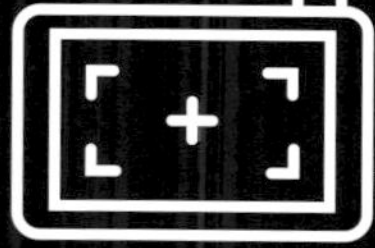

* Die Kadrierung ist nichts anderes als der Bildausschnitt – Kadrierung klingt aber schicker, wenn Sie es in Ihrer Fotorunde erwähnen.

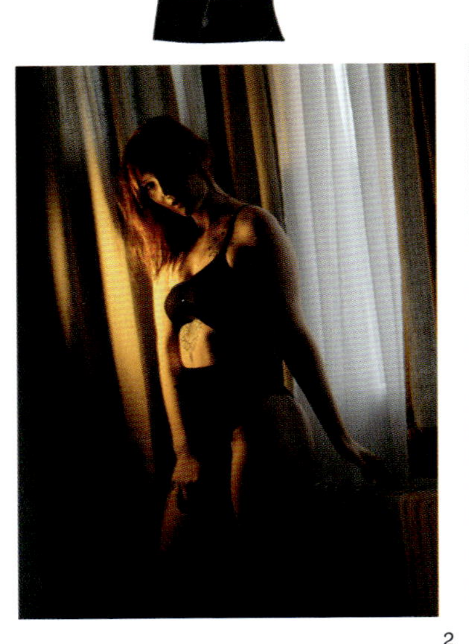

2

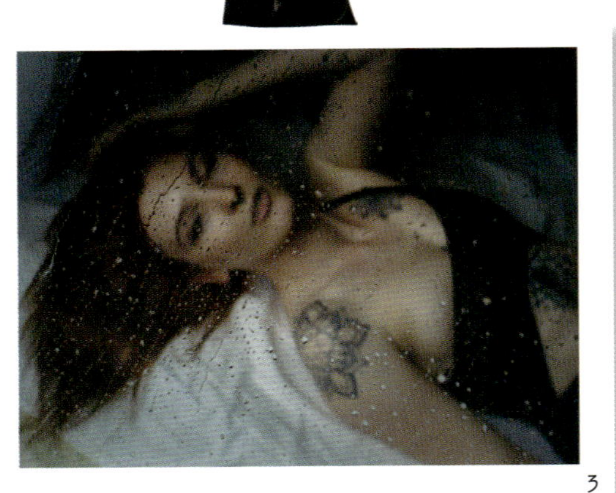

3

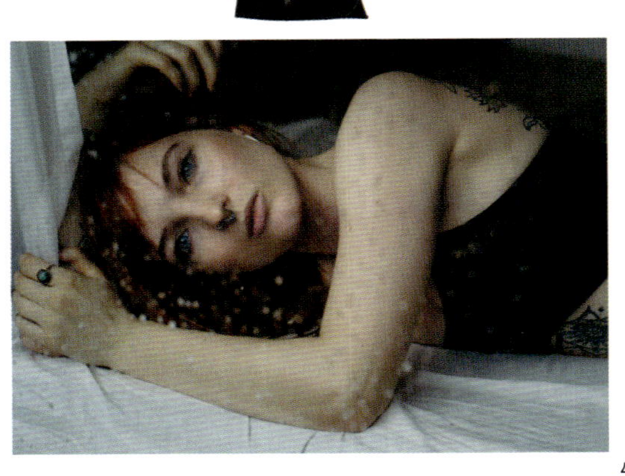

4

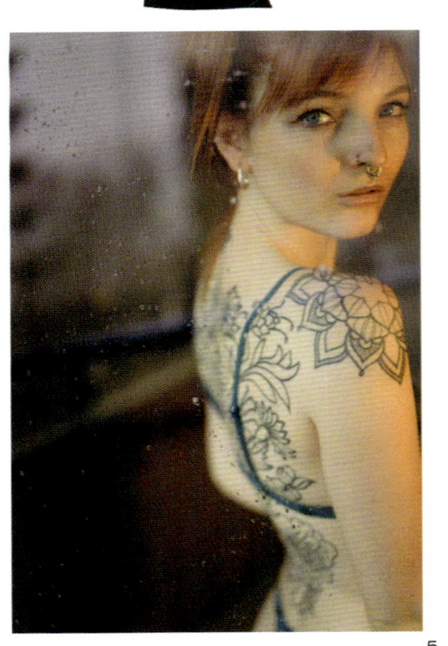

5

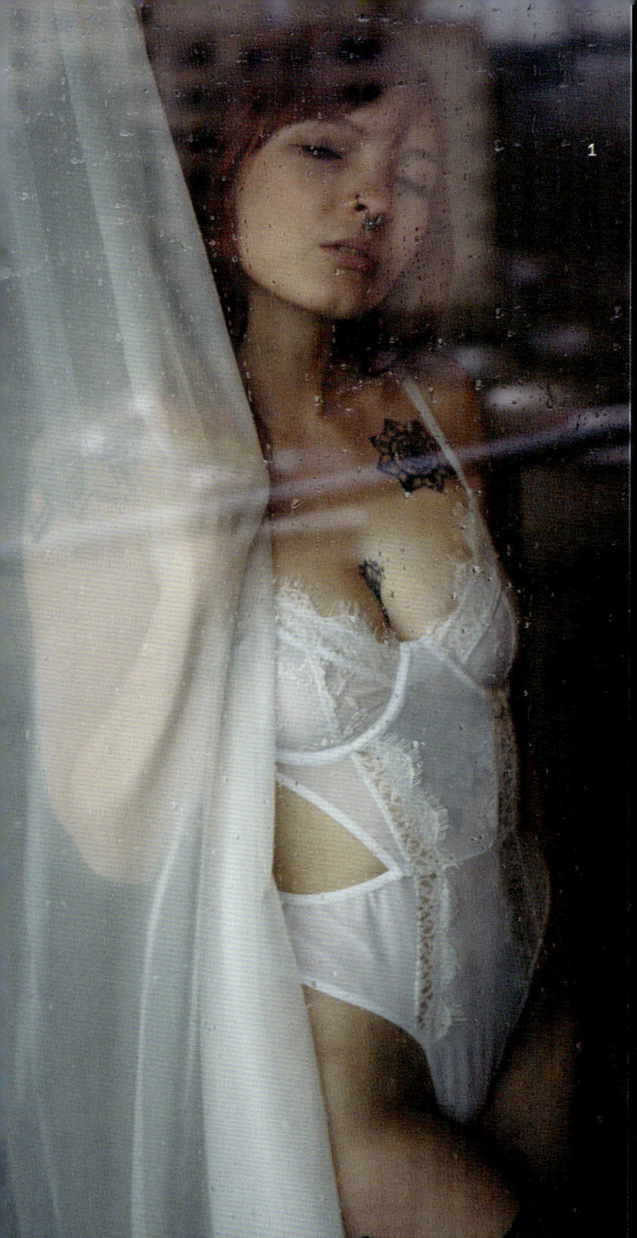

1

Hier war die Vision, trotz limitierter Location ein sinnliches Portrait zu erstellen.

1. Verabschieden Sie sich von der Vorstellung, ein Portrait müsste stets das Gesicht scharf darstellen.

2. Als Lichtquelle dient hier eine stinknormale Bodenlampe. Die kleine Lichtquelle (kleine Winkelgröße) sorgt für einen harten Kontrast.

3. Vom Balkon ins Zimmer fotografiert. Die „Regentropfen“ auf der Scheibe sind handgemacht.

4. Das natürliche Licht (wolkiger Tag) sorgt für einen wunderschönen Hautton

5. Scheuen Sie sich nicht davor, harte Schnitte zu setzen und Ihr Modell am Rand zu platzieren.

SINNLICH

BABY- UND KINDERFOTOGRAFIE

Begeben Sie sich auf Augenhöhe mit dem Kind. Dazu müssen sie sich aller Wahrscheinlichkeit nach niederknien oder hinsetzen, aber nur so erfassen sie die Welt mit dem subjektiven Blick eines Kindes, das neugierig und forschend die Welt entdeckt. Steven Spielberg war einer der ersten, der im Film „E.T. – Der Außerirdische" (1980) Kinder konsequent auf Augenhöhe filmte und Erwachsene dementsprechend von der Hüfte abwärts zeigte, um die Welt aus Kinderaugen zu erzählen.

Wir wissen nicht, wann es en vogue wurde, Neugeborene in Decken einzuhüllen und ihnen Wollmützchen aufzusetzen, in denen sie aussehen wie Hotdogs. Begegnen Sie Kindern immer auf Augenhöhe und fotografieren Sie nicht von oben herab. Nur so werden Sie mit echten Emotionen belohnt.

Nehmen Sie Neugeborene und Kinder ernst. Sie werden mit wunderbaren Emotionen belohnt.

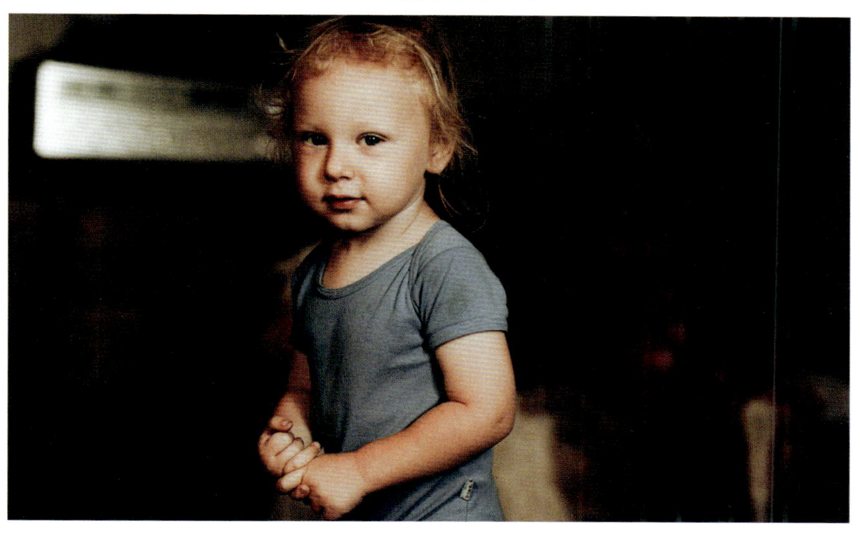

DAS UNCANNY VALLEY DER PORTRAIT FOTOGRAFIE

Mit „Uncanny Valley“ (dt. unheimliches Tal) wird im digitalen Zeitalter ein Effekt bezeichnet, bei dem die menschliche Akzeptanz für computergenerierte Bilder schlagartig abfällt, wenn diese dem Menschen zu stark ähneln. Als Beispiel können menschenähnliche Robotergesichter genannt werden, die auf uns Menschen oft verstörend und gruselig wirken, da sie uns sehr stark ähneln, aber wir dennoch sofort unterbewusst erkennen, dass irgendetwas nicht stimmt. In der Portraitfotografie ist dieses „Tal“ ein „unpassender“ Hautton - etwa, wenn wir die Farbe oder die Struktur falsch wiedergegeben wird. Denken Sie immer daran, wenn Sie Probleme mit dem Weißabgleich haben oder zu kompliziert denken: Dem Hautton wird alles untergeordnet.

Für Owen Roizman („Der Exorzist“, „French Connection“) ist ein natürlicher Hautton das Erste, auf das er beim Dreh achtet. Wenn man – so der amerikanische Kameramann – beim fertigen Film aus der Immersion geworfen wird, so ist das oft auf den Hautton zurückzuführen, der plötzlich von einem Schnitt zum anderen „anders“ ist. Ein unnatürlicher Hautton hat nichts mit künstlerischer Freiheit zu tun, sondern ist einfach eine Zeichen für schlechtes Handwerk.

BLEIBEN SIE POSITIV

Verpacken Sie Verbesserungsvorschläge während des Shootings stets positiv. Nichts ruiniert schneller die Stimmung am Set als unüberlegte Phrasen der Marke: „Das nächste Mal bitte mit mehr Emotion!“ Sätze wie diese verunsichern Menschen nicht nur, sondern zeugen von fehlendem Einfühlungsvermögen. Selbst wenn Sie unter Zeitdruck arbeiten, dürfen Sie nicht aus der Rolle fallen. Es gibt einfache Möglichkeiten, Fehlerquellen zu minimieren und den Menschen zu einer schmeichelhaften Pose zu verhelfen. Statt zu sagen: „Es sieht langweilig aus, wenn du dich zu sehr nach hinten beugst!“, erklären Sie: „Versuch dieses Mal, den Oberkörper in Richtung der Kamera zu beugen!“ Wir müssen klare Anweisungen geben, denn wir Fotografen sind es, die durch die Linse schauen und den richtigen Moment einfangen!

Das sogenannte Abstandsgesetz besagt: Je weiter Ihr Modell von der Lichtquelle entfernt ist, desto dramatischer ist der Lichtabfall. Das heißt in der Praxis: Das Licht wird »stumpfer« und die – in der Portraitfotografie so wichtigen – Glanzlichter nehmen ab. Behalten Sie das im Hinterkopf!

Vom Film lernen

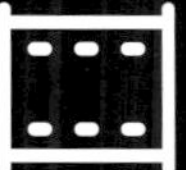

BLEIBEN SIE POSITIV

Wer lernen will, wie man größtmögliche Intensivierung seiner Fotos haben möchte, schaue sich Filme „Mann unter Feuer“, „Top Gun“ oder „True Romance“ an.

VERDICHTEN SIE DIE SZENE

Tony Scotts Filme machen geradezu exzessiven Gebrauch von langen Brennweiten und gestauchten Bilder. In „Mann unter Feuer“ (2004) etwa sehen wir Denzel Washington nahezu ausschließlich durch Objektive ab 85 mm. Weit entfernte Objekte rücken näher zusammen. Das macht die Szenen klaustrophobisch und visualisiert seine Schuld-und-Sühne-Dramen in beängstigender Präzision. Ständig scheint Gefahr zu lauern.

Scott liebt es, im Vordergrund Dinge zu platzieren, die er durch den Einsatz von langen Brennweite in Unschärfe taucht. Er lässt durch Autofenster, Stuhlbeine, Deckenventilatoren, durch Türen und Fenster filmen. Er klammert alles aus, was nicht zu seiner Erzählung gehört, und achtet penibel auf die Drittelregel. Köpfe ragen nur im Goldenen Schnitt ins Bild. Er scheut nicht davor, Köpfe in extremer Nahaufnahme zu zeigen. Er spielt mit extremen Offenblenden, in denen Lampen in Hintergrund zu Lichtkreisen verschwimmen. Seine Kadrierung kennt nur den höchsten, komprimierten Effekt. Und wenn es mal Freiraum gibt, dann lässt er Vorhänge durch den Raum wehen. Seine Bilder haben kaum Luft zum Atmen.

VERDICHTEN SIE DIE SZENE

Vom Film lernen

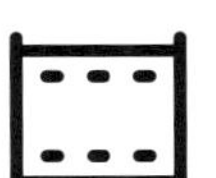

DIE IDEE IST

GUT,

DOCH DIE WELT NOCH NICHT BEREIT

Als 2000 der Ego-Shooter „Perfect Dark“ für Nintendos Videospielkonsole N64 erschien, sprachen die Entwickler Rare von einem revolutionärem Feature, dass sie eigentlich für das Game geplant hatten. Mithilfe der Gameboy-Kamera sollte es möglich sein, Gesichter von Freunden zu fotografieren und ins Spiel zu integrieren, um sie dann als „Feinde“ abzuschießen.

Aufgrund von mehreren tödlichen Schießereien in Amerika kam man aber aus moralischen Gründen wieder von der Idee ab.

Zwei Frauen unterhalten sich über ihre Eheprobleme. „Norbert hat immer nur seine bekloppte Fotografie im Kopf. Gestern habe ich meine Koffer gepackt und bin ausgezogen.“
„Und wie hat er es aufgenommen?“
„Mit Weitwinkel, Blitz und Blende 8!“

Hipgnosis war von den Sechziger- bis in die Achtzigerjahre für einige der berühmtesten Plattencover verantwortlich. Mit ihren unkonventionellen Ideen prägten sie die Ästhetik der Rockmusik wie kein anderes Grafikstudio. Nicht selten aber stießen sie Produzenten und Musiker mit völlig „irritierenden" Fotos vor den Kopf. Legendär etwa die Kuh auf Pink Floyds „Atom Heart Mother" oder der „banale" Schnappschuss auf Led Zeppelins „Presence".

Die Landschaftsfotografie erfreut sich nicht nur bei misanthropischen Charakteren großer Beliebtheit. Im Gegensatz etwa zur Portraitfotografie muss man sich dabei nicht mit narzisstischen Modellen, Zeitdruck und Bildrechten herumschlagen. Außerdem lässt sich das Regelwerk auf einen einzigen Satz reduzieren: „Stehen Sie früh auf!" – mehr ist es nicht! Tatsächlich unterscheiden sich die Wow-Landschaftsfotos vom Durchschnitt, weil Sie im Gegensatz zu den anderen 98 % der Zunft noch vor Sonnenaufgang gemacht wurden!

Widerstehen Sie dem Drang, Ihre neuerworbenen Kenntnisse an skandinavischen Küstenlandschaften zu testen. Einer wissenschaftlichen Studie zur Folge gibt es mehr Langzeitbelichtungen lofotischer Meeresbuchten als überbezahlte Fußballer in der deutschen Bundesliga.

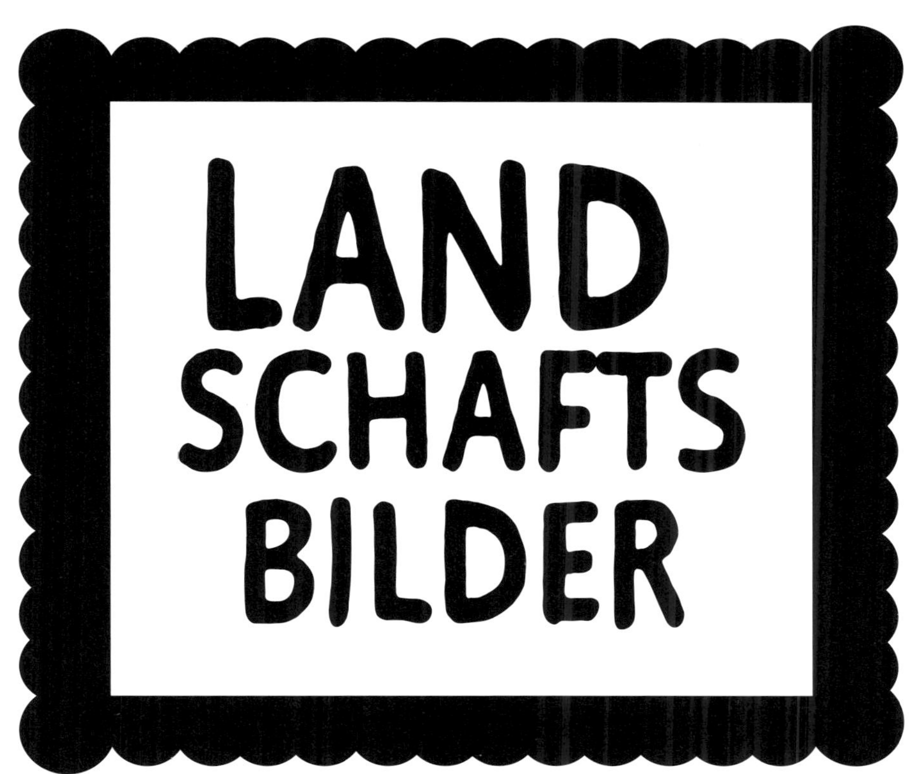
LAND
SCHAFTS
BILDER

EIN HEITSB REI

Schöne Fotos kann heutzutage jeder machen. Um herauszustechen, bedarf es eines besonderen Stils oder schlicht des Zufalls.

Lassen Sie sich um Himmels willen nicht blenden von all der Pracht und den wunderbaren Naturschauspielen, die Sie im Internet sehen. 80 % dieser Fotos sind von sogenannten Fotospots aus fotografiert. Sie glauben uns nicht?
Das teuerste Foto der Welt stammt vom australischen Fotografen Peter Lik und wurde zum Rekordpreis von 6,5 Millionen US-Dollar (umgerechnet 5,2 Millionen Euro) in Las Vegas versteigert. Es zeigt den berühmten Antelope Canyon in Arizona (USA), der von Wasser in Jahrmillionen außergewöhnlich verformt wurde. Aufgenommen wurde das Bild von jenem Standpunkt aus, an dem jeden Tag Tausende Besucher anstehen, um den außergewöhnlich verformten Sandstein zu fotografieren; und zwar genau um die Mittagszeit, wenn die Sonne für kurze Zeit von oben in den Canyon scheint und sich somit die mystisch anmutenden Lichtspiele ergeben. All diese Bilder sind auf ein einziges Kriterium hin komponiert: den Wow-Effekt. Dagegen ist nichts einzuwenden – es soll ja Menschen geben, die nur nach Kochbüchern kochen oder Maler, die nur Malen nach Zahlen lieben.

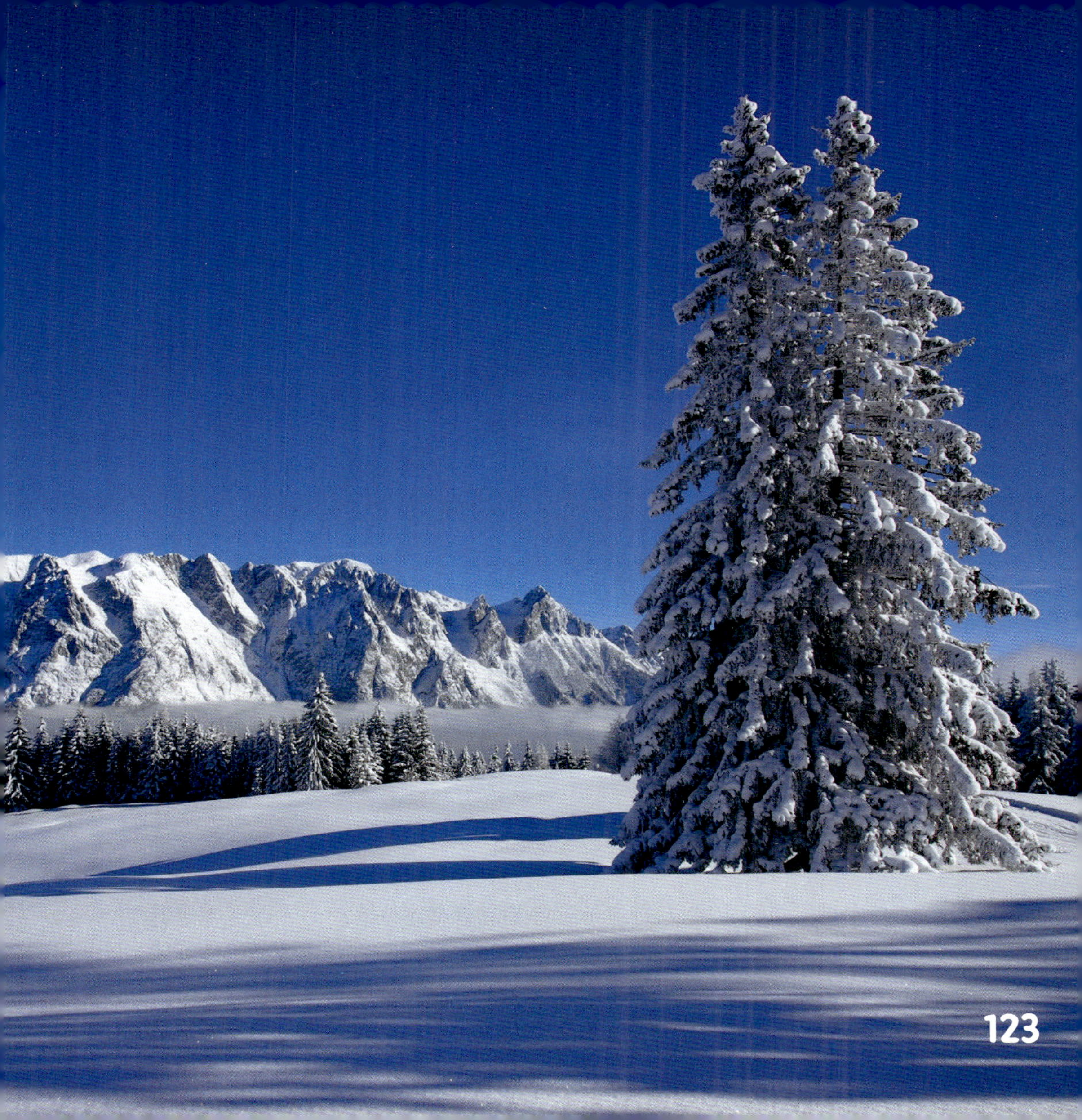

KUR IOSES

»Für mich gibt es zwei dreckige Worte in der Fotografie: Eines ist Kunst – und das andere guter Geschmack.«

Helmut Newton

2007 ersteigerte der junge Immobilienmakler John Maloof für knapp 400 Dollar einen Karton voller alter Fotos und Negative. Nachdem er im Netz nichts über den Urheber erfahren konnte, scannte er einige der Bilder und stellte sie auf ein Fotoportal im Internet. Eine Kunstkritikerin entdeckte die Bilder und stufte die Qualität der Fotos als überragend und die Sujets als einzigartiges Zeitdokument ein. Nach einiger Recherche stellte sich die Urheberin der Bilder als Vivian Maier heraus, ein unscheinbares Kindermädchen aus Chicago, das kurz zuvor verstorben war. Zeit ihres Lebens hatte sie nie auch nur einem einzigen Menschen ihre Fotos gezeigt. Heute gilt sie als eine der größten Fotografensensationen unserer Zeit.

Wenn Sie früh aufstehen, haben Sie bereits alle Notwendigkeiten erfüllt, um ein ästhetisch ansprechendes Foto zu schießen. Mehr braucht es dazu meist nicht.

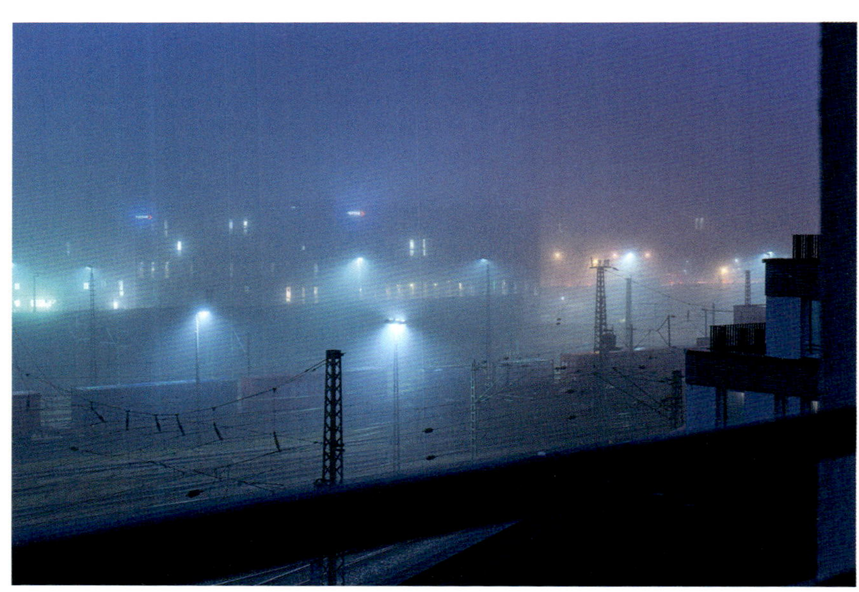

Mit dem Smartphone fotografiert. Achten Sie auf Lichtverhältnisse und drücken Sie ab!

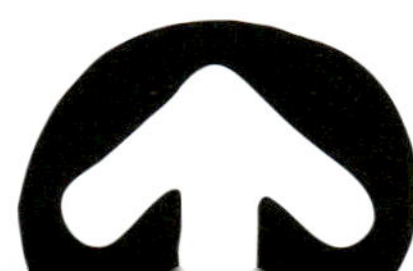

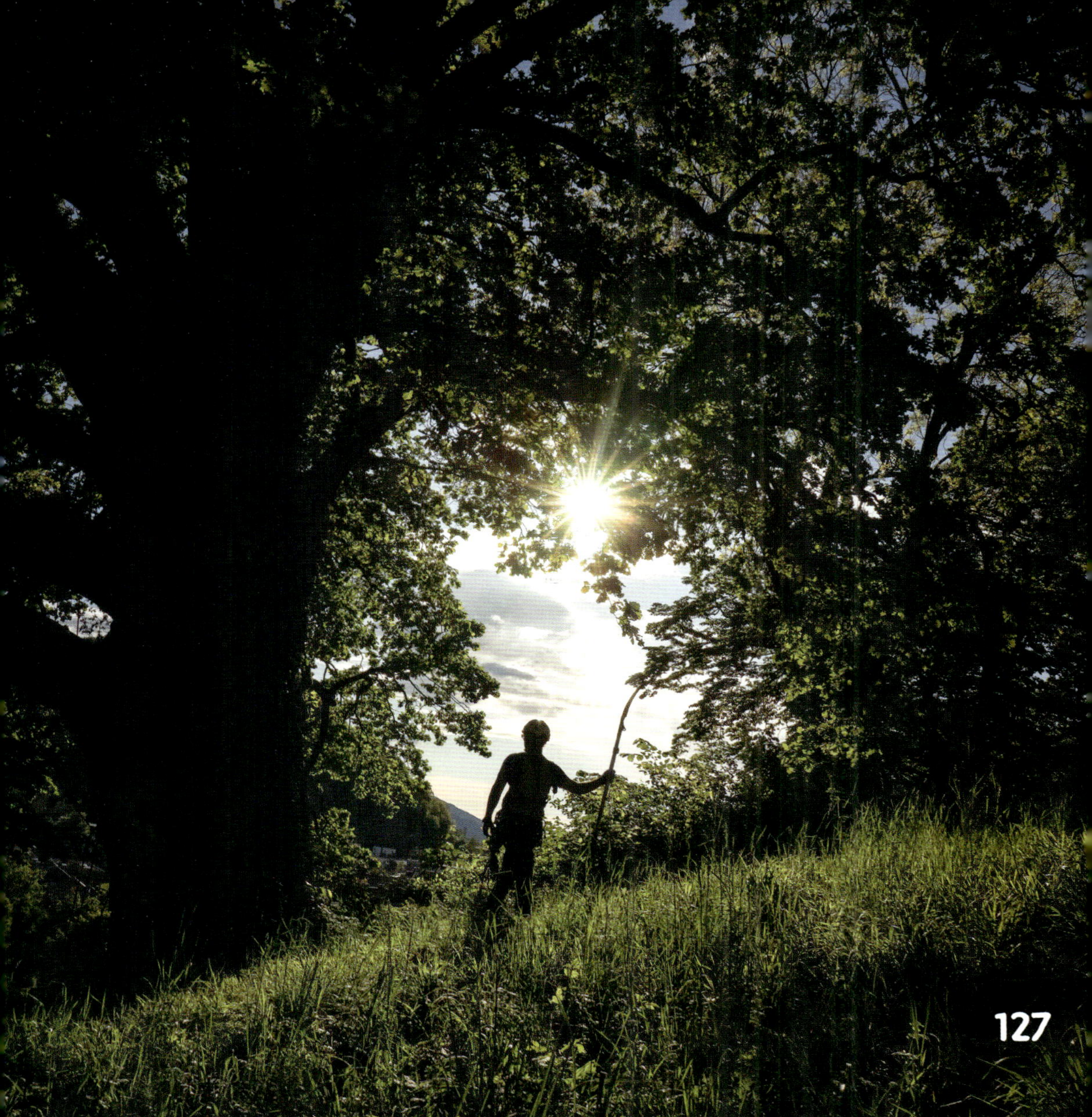

LANDSCHAFTSBILD MIT WOW EFFEKT

Wollen Sie Ihre Instagram-Freunde einmal richtig zum Staunen bringen, ohne blankzuziehen oder die neuesten Fotos vom Strandurlaub zu präsentieren? Nichts einfacher als das! Lernen Sie die „magische“* Wirkung einer Langzeitbelichtung kennen.

Für diese Art Bilder lohnt es, sich einer alten Fotografenweisheit zu erinnern: „Vordergrund macht Bild gesund.“ Lassen Sie also ruhig ein paar Sträucher oder Steine von vorne ins Bild ragen.

In der Analogfotografie spricht man oft vom „Fixieren“ – ein Vorgang, bei dem man Fotos in verschiedenen Flüssigkeiten badet, um sie haltbar zu machen. Der passionierte Analogfotograf Andrew Phelps hing eine Reihe „nicht fixierter“ Fotos ins Museum und die Besucher konnten im Laufe der Ausstellung zusehen, wie die Bilder nach und nach verschwanden.

* Bitte verzeihen Sie diesen semantischen Fauxpas.

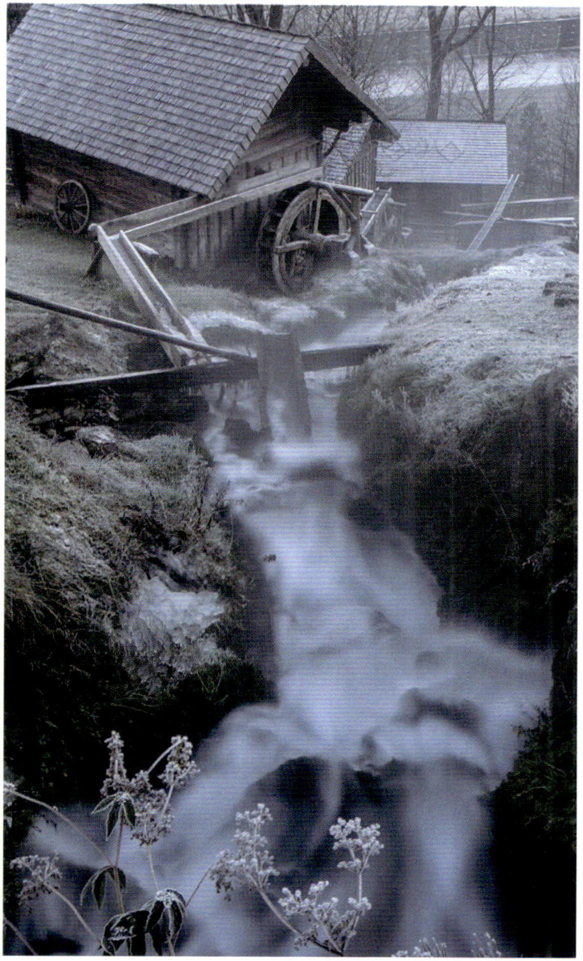

Unter einem ND- oder Graufilter versteht man in der Fotografie einen Filter, den man vor dem Objektiv anbringt, um das Bild gleichmäßig abzudunkeln.

1. Sorgen Sie dafür, dass Ihr Stativ einen ordentlichen Halt hat.*

2. Stellen Sie das Display (den Sucher) Ihrer Kamera auf den manuellen Modus [M] (alternativ laden sie sich eine Kamera-App mit entsprechendem Feature auf Ihr Smartphone) und sorgen Sie mit einer Belichtungszeit von einigen Sekunden dafür, dass sich das Wasser in Schleier verwandelt.

3. Sollte es bereits zu hell sein, schrauben Sie einen ND-Filter an das Objektiv und wählen Sie eine lange Belichtungszeit – damit sorgen sie für einen Schleiereffekt beim Wasser. Hier im Bild habe ich eine Auslösezeit von 25 Sekunden gewählt. Sorgen Sie mit einer kleinen Blende (hier: f11) für eine große Tiefenschärfe, die Ihr Bild von vorne bis hinten scharf ablichtet.

4. Während die Kamera „arbeitet", können Sie die Natur genießen oder über die Frage sinnieren, warum ein verdammter Makake bessere Selfies macht als Sie.

* Diesen infantilen, selbsterklärenden Tipp findet man in nahezu jedem Fotoratgeber, also darf er auch in diesem infantilen Büchlein nicht fehlen.

AN LEI TUNG

SCHWEIZER HUMOR

Einmal unter einer Million
François-Éric Gendron staunte nicht schlecht, als er exakt dasselbe Foto – das er von einem Leuchtturm in New Hampshire aufgenommen hatte – auf der Seite des Fotografen Ron Risman wiederfand. Auch Risman wunderte sich, was sein Bild auf der Seite von Gendron zu suchen hatte. Nach anfänglicher Beschuldigung, der jeweils andere hätte das Bild geklaut, kam die kuriose Wahrheit schnell ans Licht. Die beiden Fotografen hatten das Motiv des Leuchtturms (mitsamt tosender Meeresgischt) zufällig aus derselben Perspektive und genau in derselben Millisekunde fotografiert, ohne einander zu begegnen.

Ein besonderes Fotoverbot ließ sich der Tourismusverband von Bergün einfallen. Das idyllische Bergdorf im schweizerischen Kanton Graubünden untersagte es seinen Touristen kurzerhand, Urlaubsfotos zu machen. Der Grund: Laut einer wissenschaftlichen Studie würden derart schöne Ferienfotos auf Social Media, die Betrachter unglücklich machen, weil sie eben selbst von ihren kleinen Stadtwohnungen auf graue Wände starren müssten. Dieses „charmante“ Fotoverbot war mit Augenzwinkern zu verstehen und bescherte dem Ort einige Medienaufmerksamkeit.

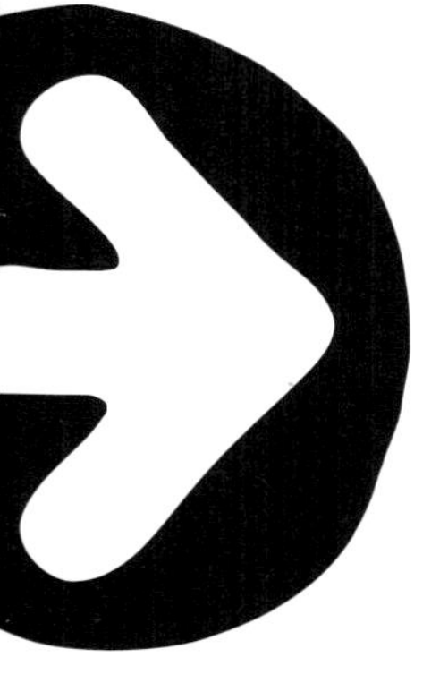

LUSTIG.

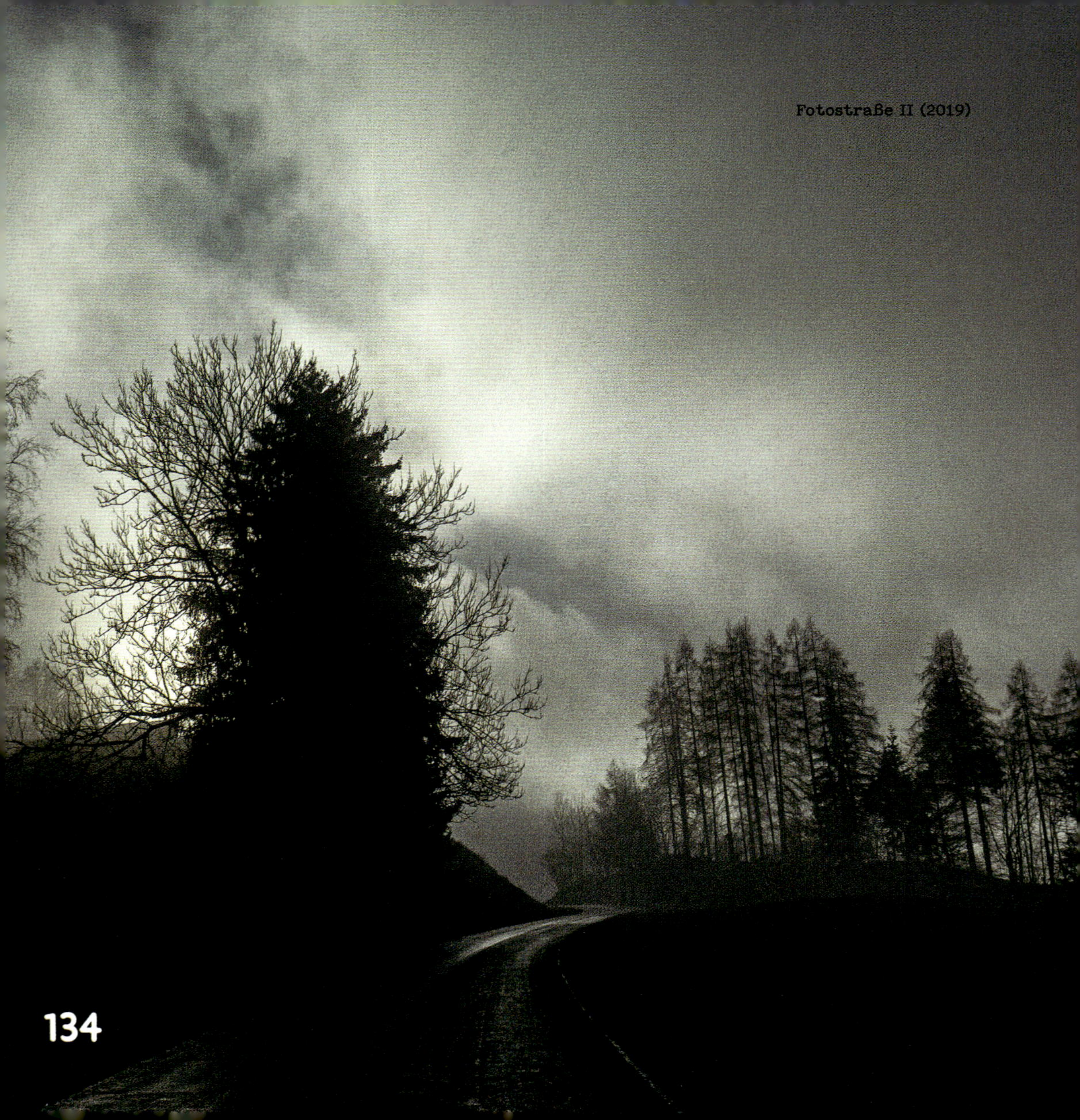

Fotostraße II (2019)

STEHEN SIE ZU IHREM WERK

„Stil hat alles Unfertige und Zufällige."

Andy Warhol

Gehen Sie spazieren und suchen Sie sich aufs Geratewohl ein Motiv. Drehen Sie während der Aufnahme ohne Sinn und Verstand an den Reglern für Blende, ISO und Verschlusszeit. Anschließend lassen Sie den Künstler raushängen und versichern Sie jedem, dass Ihr Foto ein Kunstwerk ist. Wenn Sie hartnäckig sind, wird man es nicht wagen, Ihnen zu widersprechen.*

* Sie potenzieren Ihre Erfolgschancen, wenn Sie dabei einen Seidenschal tragen und im Gespräch wahlweise die Wörter „postmodern" oder „Platons Höhlengleichnis" einpflegen.

LICHT UND TOTER RAUM

Vom Film lernen

Für den österreichisch Regisseur und Kameramann Josef von Sternberg (1894 - 1969) war es die größte Kunst, dem toten Raum zwischen Objektiv und Raum Leben einzuhauchen. Er versuchte Szenen mit Gefühlswerten aufzufüllen, indem er Rauch und Regen, Nebel, Dunst und Dampf am Set einsetzte.

Dass „gutes" Licht erheblich zum Gelingen eines Fotos beiträgt, sollte für jeden Fotografen so klar sein, wie die Tatsache, dass aus William Shatner in diesem Leben kein passabler Sänger mehr wird. Aber erst, wenn Sie verstehen, dass es kein „gutes" oder „schlechtes" Licht gibt, sondern einzig und allein seine verschiedenen Erscheinungsformen, erst dann können Sie überall ansprechende Fotos machen. Dabei müssen Sie sich nicht pedantisch an die Wirklichkeit halten. Experimentieren Sie mit dem Weißabgleich, um Ihr Foto mit Emotionen aufzuladen. Lernen Sie vom Film. So sehen wir etwa den Schnee in Tarantinos „The Hateful 8" in der langen Eröffnungssequenz nicht weiß, sondern in einem bläulichen Farbton. Das gibt den Szenen nicht nur eine malerische Note, sondern lässt auch auf eine abendliche, dramatischere Tageszeit schließen.

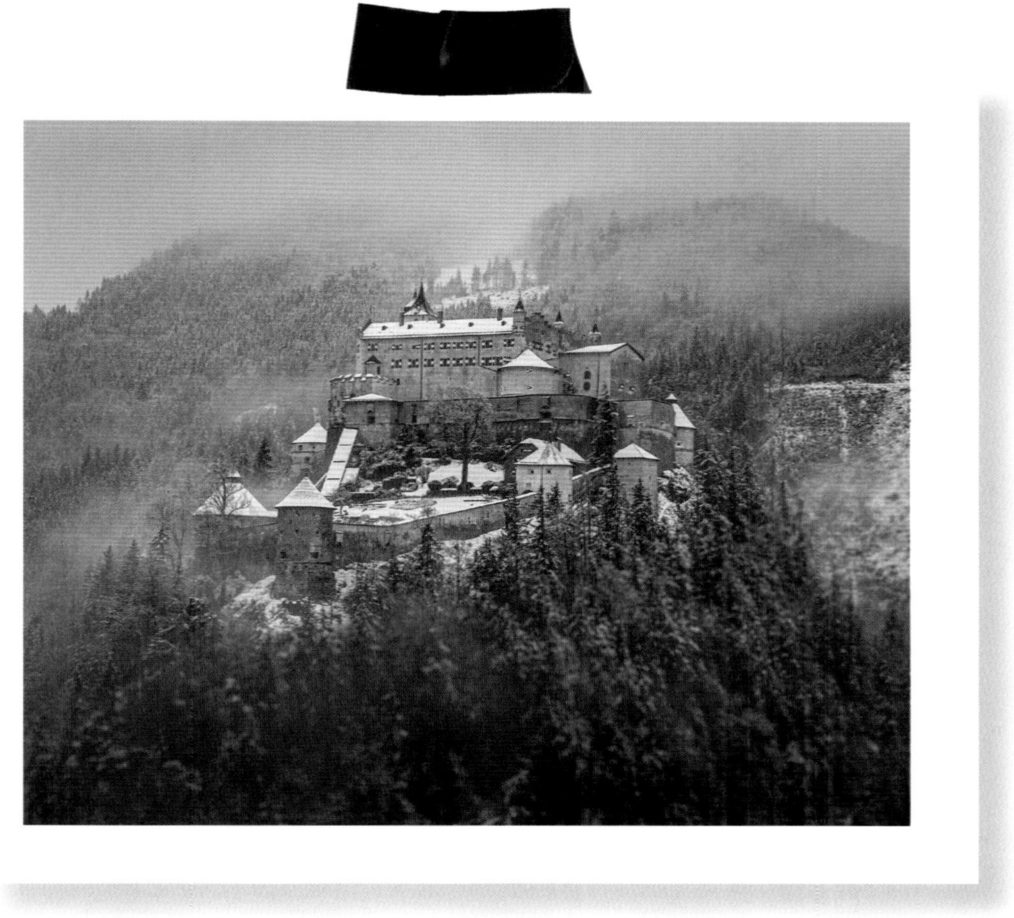

Das „passende“ Licht und die Qualität des „toten Raums“ entscheiden in der Fotografie über Sieg oder Niederlage.

DOKUMENTARISCHE ARBEIT

Trotz aller Häme in diesem Buch bleibt festzuhalten, dass die Fotografie ein wunderschönes Hobby ist und tausendmal besser als das, was Menschen sonst mit ihrer Zeit anfangen.*

* etwa Krieg führen, Tiere ausrotten oder DJ-BoBo-Konzerte besuchen.

GIA NTS

ON THE SHOULDERS OF

Viele Menschen, die hinter der Kamera arbeiten, sprechen vom Studium alter Gemälde, dem sie ihre Meisterschaft verdanken. So spricht etwa Billy Williams („Der Exorzist“, „Gandhi“) davon, dass er am meisten von den alten Meistern gelernt hätte, was die Komposition, das Lichtsetzen und die Perspektivenwahl beträfe. Er rät seinen Studenten, in Schwarzweiß zu denken, um ein Gefühl für Nuancen zu entwickeln: Tiefe – und somit die Illusion einer dritten Dimension – entstehe, wenn man in der richtigen Abstufung Hell auf Dunkel oder Dunkel auf Hell setze. Schaut man sich die Reproduktionen eines alten Meisters in Schwarzweiß an – so William – sei das Bild auch dann niemals flach. Außerdem dürfe das Gesicht und der Hintergrund niemals in demselben Ton gehalten sein.

AU
TH
EN
TI
ZI
TÄT

Als Dennis Hopper 1968 zur Vorbesprechung seines Films „Easy Rider“ erschien, rief er vor der versammelten Filmcrew: „Hier ist das Drehbuch!“ Anschließend warf er das Skript in die Luft. Als die Blätter durchs Büro segelten, lachte er: „Aber wir brauchen es nicht, weil ich euch jetzt die Geschichte erzählen werde...“ Vertrauen Sie Ihrem Instinkt und Sie werden zum Erzähler.

2016 sorgte unter anderem der Fotografie-Blog „PetaPixel“ für einen kleinen Eklat, als bei dem renommierten Fotojournalisten Steve McCurry Bildmanipulationen entdeckt wurden. In den darauffolgenden Monaten wurde teils hitzig darüber diskutiert, wie weit die Bildmanipulation bei der dokumentarischen Fotografie gehen dürfe. Steve McCurry hatte auf Fotos ganze Menschen wegretuschiert, um ein ästhetischeres Ergebnis zu erzielen.

Für den Kameramann László Kovác („Easy Rider“, „Ghostbusters“) muss das Licht eine dramatische Logik innerhalb der Komposition erfüllen. Dabei nennt er gern die Malerei als Inspiration, bei der jeder Lichtton wie ein Pinselstrich zu betrachten ist und daher unterschiedliche Emotionen transportiert. Mit Licht lässt sich der Fokus dorthin lenken, wo „die Geschichte passiert“.

VON WEGEN „ALTE MEISTER“

Wussten Sie, dass sich Maler bereits im 17. Jahrhundert die Eigenschaften einer „Kamera“ zunutze gemacht haben, um realistische Bilder zu kreieren? Zu dieser Überzeugung gelangt Tim Jension in der faszinierenden Dokumentation Tim's Vermeer, nachdem er die Bilder des berühmten holländischen Malers Jan Vermeer studiert hatte. Er entdeckte Tiefenschärfe, diffuse Lichtstimmungen und chromatische Aberrationen, also alles optische Indizien, die man bei einem Foto findet und die – so der Computernerd und Erfinder – unmöglich auf herkömmlichem Wege zu malen seien. Nur mithilfe von optischen Hilfsmitteln (u. a. einer sogenannten Camera Obscura) soll es Vermeer vor 400 Jahren möglich gewesen sein, derart realistische Gemälde zu kreieren. Zur Demonstration malt Tim, der vorher noch nie einen Pinsel in der Hand hatte, kurzerhand ein bis ins kleinste Detail akkurate Faksimile von Jan Vermeers „Die Musikstunde“.

~~NENNEN SIE SICH NIE WIEDER KÜNSTLER~~

Der chinesische Performancekünstler Tehching Hsieh ist unter anderem für seine bahnbrechende „One Year Performance“ bekannt. Dafür hatte er sich 1980 selbst den Zwang auferlegt, ein ganzes Jahr lang einmal pro Stunde eine Stempeluhr zu bedienen und dabei ein Foto als Beweis zu machen. Im Klartext heißt das, dass er nie länger als etwa 50 Minuten schlafen konnte, ohne sein auferlegtes Credo zu verletzen.* Der daraus resultierende Schlafentzug versetzte ihn dabei in eine Art Delirium und zur Verfehlung einiger Aufnahmen. Rückblickend habe ihn die Arbeit zu der Erkenntnis geführt, dass der Mensch im Laufe seines Lebens nichts anderes macht, als Zeit zu verbrauchen. Um die Vergänglichkeit zu visualisieren, hatte er sich zu Anfang der Performance den Kopf kahl rasiert und ließ von da an die Haare 12 Monate weiter wachsen.

76 % aller Briten, die im Jahr 2011 auf einem Foto „getaggt“ wurden, waren betrunken.**

* Dieser Geschichte sollte Ihnen zu denken geben, wenn Sie das nächste Mal wieder über ein besonders „anstrengendes“ Shooting klagen.

** Das erklärt womöglich die eigentümlichen Kochkünste der Inselbewohner.

Eine Dame kommt zum Fotografen, zeigt ihm ein Bild von ihrem Mann und fragt: »Können Sie das Foto retuschieren und meinem Mann den Hut abnehmen?« »Selbstverständlich«, antwortet der Fotograf: »Auf welcher Seite trägt Ihr Mann den Scheitel?« Die Dame überlegt einen Moment, dann sagt sie: »Das weiß ich nicht genau, aber das sehen Sie ja, wenn Sie ihm den Hut abnehmen!«

DIE SCHÖNHEIT LIEGT IM SCHLICHTEN

Die Reduktion auf ein einzelnes Bildelement kann ein Foto erst so richtig zum Trillern bringen. Die passiven Bildbereiche (Himmel, Bäume, Fluss) erzeugen ein harmonisches Bild. Stellen Sie sich immer die Frage: Funktioniert die Bildkomposition?

Dieses Bild ist nach der Drittelregel komponiert, die besagt, dass bildgewichtige Elemente an den Schnittpunkten eines gedrittelten Rasters liegen. Viele Fotografen spucken Gift und Galle, wenn sie sich in ihrer Kreativität eingeengt fühlen und etwas von fotografischen Regeln hören. Schaut man sich dann aber ihre Bilder an, so merkt man schnell, dass sie die Regeln selbst nur zu gern anwenden. Sie müssen also kein schlechtes Gewissen haben, wenn Sie auf gewisse Richtlinien zurückgreifen.

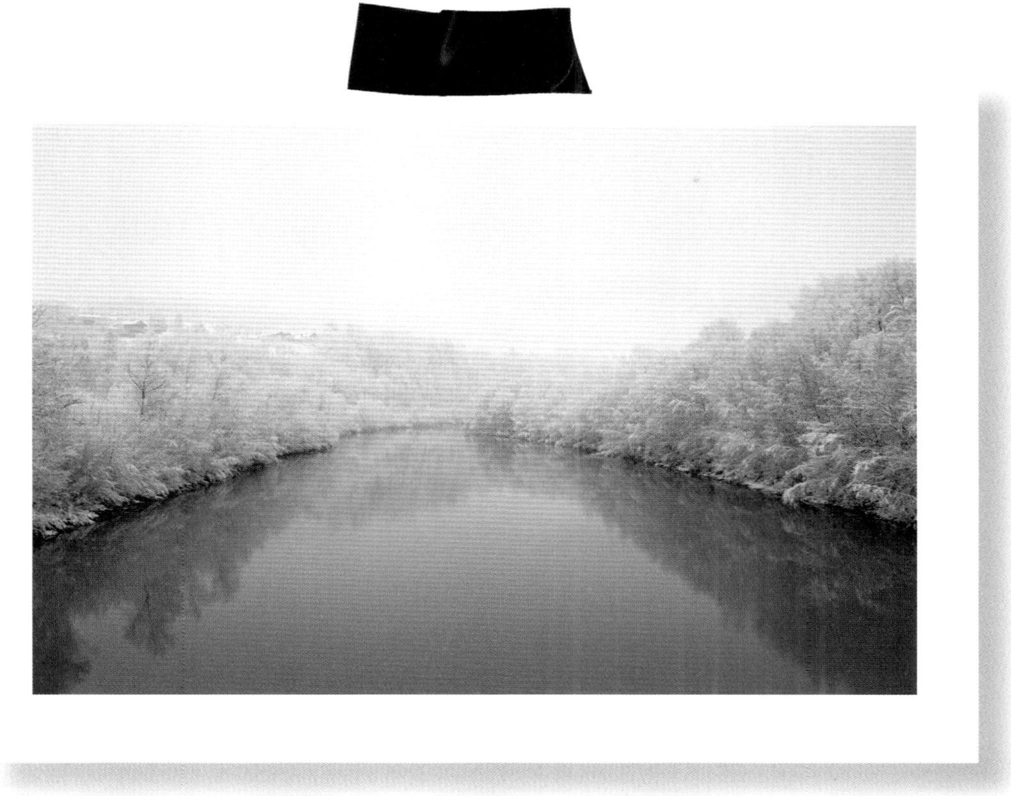

Das Schöne liegt im Einfachen. Denken Sie, Sie könnten dieses Foto auch ohne großen Aufwand nachmachen? Sicher! Niemand hat etwas anderes behauptet.

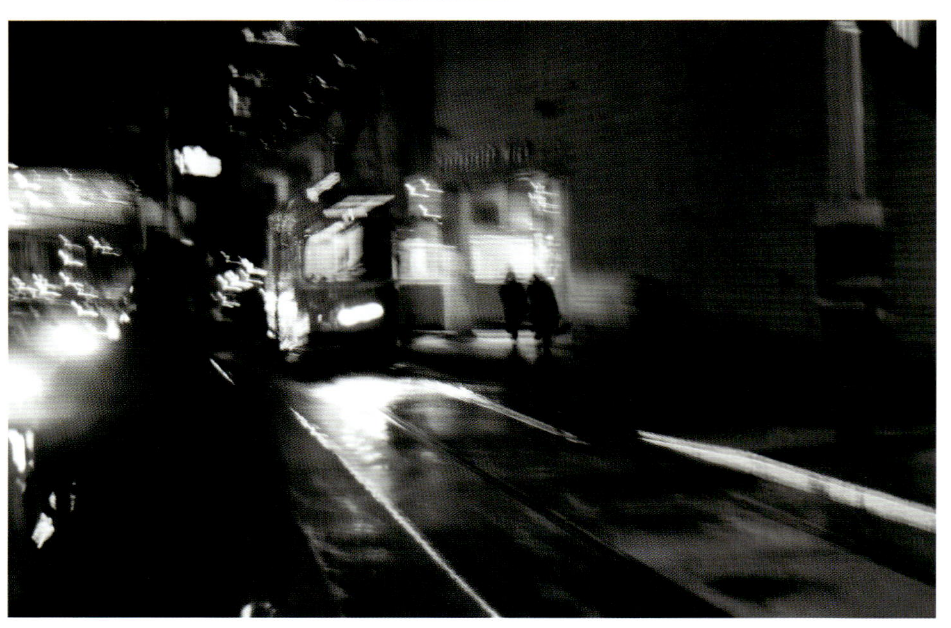

Verfallen Sie nicht dem Irrglauben, Ihre Bilder müssten scharf sein. Sicher, ein guter Fotograf sollte imstande sein, ein korrekt belichtetes und auch »scharfes« Bild zu machen. Dennoch: Unscharfe oder »verwischte« Bilder sind oft schöner als die »erstarrten« Momentaufnahmen. Technische Perfektion allein macht kein gutes Foto.

AUS DER HÜFTE GE SCH OS SEN

Die letzten Plätze auf dieser Welt, wo das Fotografieren nicht nur verboten, sondern einen sofortigen Rausschmiss zur Folge hat, sind Clubs wie das „Berghain“ in Berlin oder „Die grelle Forelle“ in Wien. Dadurch haben sich diese Orte in den letzten Jahre geradezu mythisch aufgeladen – man muss tatsächlich dort gewesen sein, um die Atmosphäre zu spüren.

Die Straßenfotografie ist eine der ältesten Kunstformen der Lichtmalerei. Man kann sie auch als Alltagsfotografie beschreiben. Sie erkennen deren Adepten an möglichst kleinen Kameras, mit denen sie verstohlen in Hauseingängen, Zebrastreifen oder Bahnhöfen warten. Als grafische Elemente tauchen dabei gern besagte Zebrastreifen, Unterführungen und Parkhauseingänge auf. Um den künstlerischen Anspruch hervorzuheben, werden die Bilder gern in Schwarzweiß umgewandelt. Heute reagieren Menschen oft verärgert, wenn man sie fotografiert, weshalb es Street-Fotografen immer schwieriger haben.

Stöbern Sie mal auf Flohmärkten: 2,4 Millionen Euro ist der Preis, der für eine seltene Leica-O-Serie gezahlt wurde. Damit avancierte sie zu einer der weltweit teuersten Kameras. Gerade einmal 25 Stück wurden 1923 von Ernst Leitz produziert und nur drei davon befinden sich heute noch im Originalzustand.

Und um Himmels willen: Machen Sie niemals bei einem Fotowettbewerb mit, bei dem Sie eine Anmeldegebühr zahlen müssen. TUN SIE ES NICHT! In der Regel besteht die Jury aus schaltragenden, von Canon, Nikon oder Sony gesponserten Individuen, deren Fotogeschmack nicht über den von Nicolas Cages Frisur hinausgeht.

FO TO WETTBEWERB

SCHRÖDINGERS VERMÄCHTNI

Vieles, was den Zuschauern wie Kunst erscheint, ist in Wirklichkeit eine intelligente Lösungen für ein technisches Problem.

SCHRÖDINGERS VERMÄCHTNIS

„Theaters“ heißt die Fotoserie, die der Künstler und Fotograf Hiroshi Sugimoto seit Ende der Siebzigerjahre mit seiner analogen Kamera macht. Der Japaner beschränkt sich dabei aber nicht darauf, legendäre Kinosäle rund um den Globus mit ihrer großartigen Architektur und Patina abzulichten, sondern arbeitet mit extrem langen Belichtungszeiten, die es ihm ermöglichen, einen ganzen Film zu „belichten“. Auf dem finalen Foto erstrahlt die Leinwand dementsprechend als weiße, helle Fläche, auf der der ganze Film gespeichert ist. Auf die Idee muss man erstmal kommen.

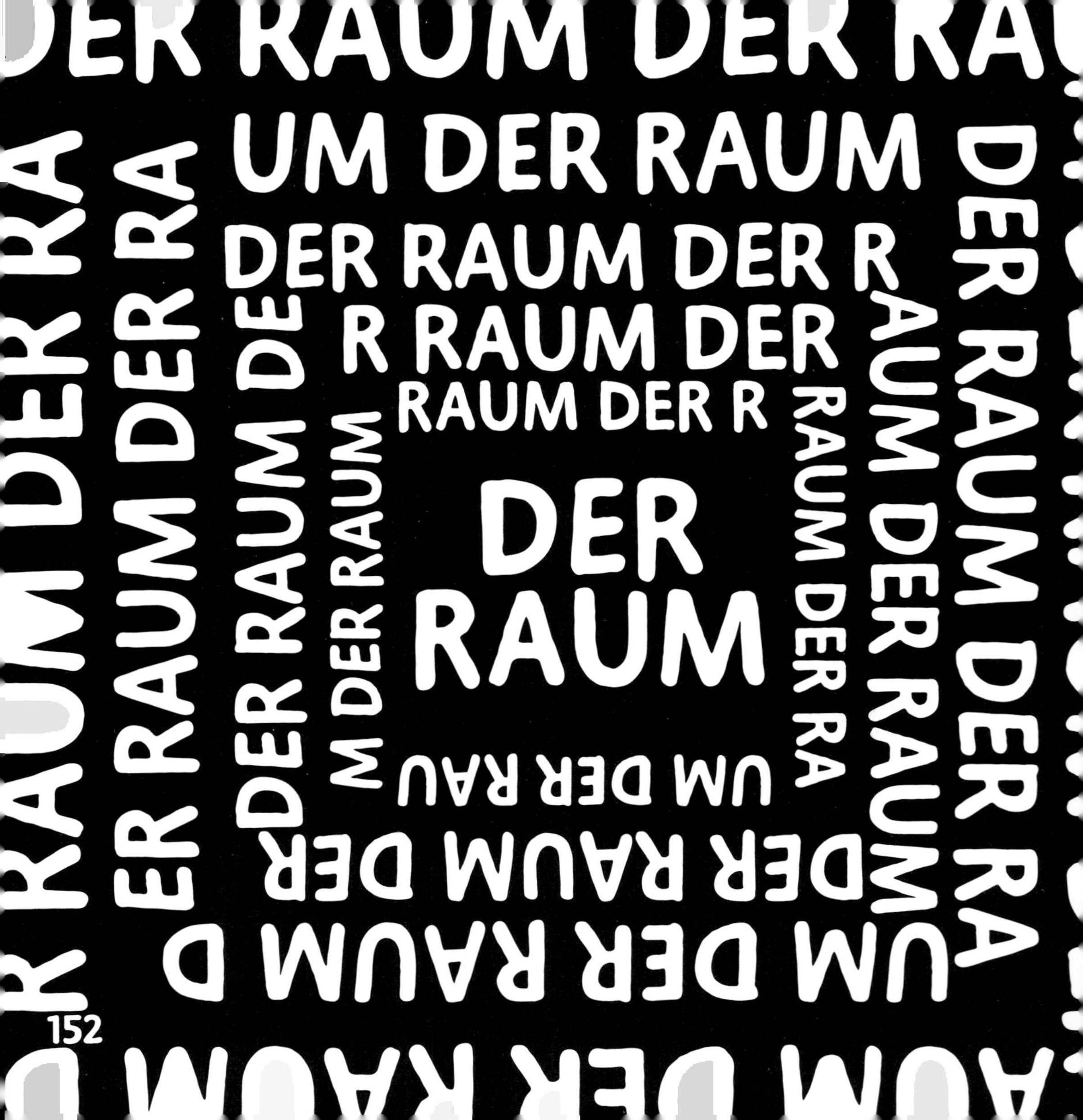

DER RAUM DER RA

UM DER RAUM

DER RAUM DER R

R RAUM DER

RAUM DER R

DER
RAUM

„Ein prinzipielles Kantenlicht oder Glamourlicht halt ich für falsch. Wenn Personen in einem dunklen Raum herumrennen und jeder hat sein Kantenlicht, dann ist das ein Kasperltheater und verliert jede Glaubwürdigkeit. Und Lichtsetzen ist Glaubwürdigkeit. Das ist auch in der Wahrnehmungspsychologie verankert, mit Stimmungen und Atmosphäre behaftet, mit Verkoppelung von Jahres- und Tageszeit. Das kann man nicht einfach ignorieren."

Christian Berger

In der Architektur gibt es den Leitsatz, wonach die Leere geformt und definiert werden müsse. In den verschiedenen Epochen haben Menschen den „Raum" ganz unterschiedlich wahrgenommen und gedeutet. Während die Renaissance die Ästhetik in klaren Formen und Symmetrie suchte, war es dem späteren Bauhaus-Stil daran gelegen, das Schöne mit dem Praktischen zu verbinden. Die Architektur hatte seit jeher die Aufgabe, eine Grenze zwischen Innen und Außen zu schaffen. So kann sich ein Gebäude beispielsweise homogen in die Landschaft einfügen (denken Sie an ein uriges Baumhaus) oder bewusst aus seiner Umgebung herausstechen (wie der Eiffelturm). Auch in der Fotografie ist die Frage nach dem Füllen des Raums essenziell. Eine halbnacktes Modell, das mit Stöckelschuhen in einer verlassenen Villa (oder einem anderen sogenannten „Lost Place") steht, hat wenig Bezug zur Umgebung und wirkt schnell banal. Wenn das Modell aber ein altes Kleid und die Haare aus einer vergangenen Epoche trägt, so erzählen Sie eine Geschichte und das Foto wird glaubhaft. Es gibt keine gute Fotografie ohne die passende Location, da der Hintergrund ein essenzieller Teil des visuellen Erzählens ist.

Richard J. Anobile war ein Pionier der Movie Novels und erhob diese zur eigenen Kunstform. Unter seiner Federführung konnte man Filme Einstellung für Einstellung und sogar mitsamt Dialog in Buchform nacherleben. Interessierte finden die Skurrilitäten auf Flohmärkten und eBay.

Bevor Internet, DVD- und VHS-Player Einzug hielten, gab es natürlich schon Fans des visuellen Mediums, die dem Geheimnis guter Bilder auf die Schliche kommen wollten. Für die gab es die sogenannten Movie Novels, also komplette Filme als Fotoabzüge in Buchform. Für Cineasten war das ein durchaus legitimes und faszinierendes Format, um etwas über Kadrierung, Lichtsetzung und Montage zu lernen. Filme wie „Casablanca“, „Psycho“ oder Ridley Scotts „Alien“ fanden so den Weg in heimische Kinder- und Wohnzimmer.

IN EINEM LAND VOR UNSERER ZEIT

Dass kleine Welten faszinierend sein können, wissen Kids aus den Achtzigern spätestens seit dem Film „Liebling, ich habe die Kinder geschrumpft." Die Makrofotografie ist eine harmlose, aber durchaus schöne Beschäftigung und zieht in der Regel Personen an, die ansonsten im Keller an Modelleisenbahnen werkeln. Man denke sich an dieser Stelle einen rüstigen Rentner, wie er bei seinen täglichen Spaziergängen die Wiesen nach spannenden Motiven abgrast, um die Fotos später stolz auf WhatsApp zu teilen. Sie brauchen zur Durchführung ein spezielles Makro-Objektiv, dass es erlaubt, nahe an das zu fotografierende Motiv heranzutreten und es in einem großen Abbildungsmaßstab abzulichten. Es muss dabei nicht die seltene Orchidee oder die blutrünstige fleischfressende Pflanze sein – auch heimische Wiesen und Gärten eignen sich ideal, um in die faszinierenden Miniaturwelten einzutauchen. So wird selbst das gemeine Unkraut zu faszinierenden Kaleidoskopen aus Formen, Farben und Strukturen.

2017 gelang es dem Österreicher David Nadlinger, mit einer herkömmlichen Spiegelreflexkamera ein einzelnes Atom zu fotografieren.

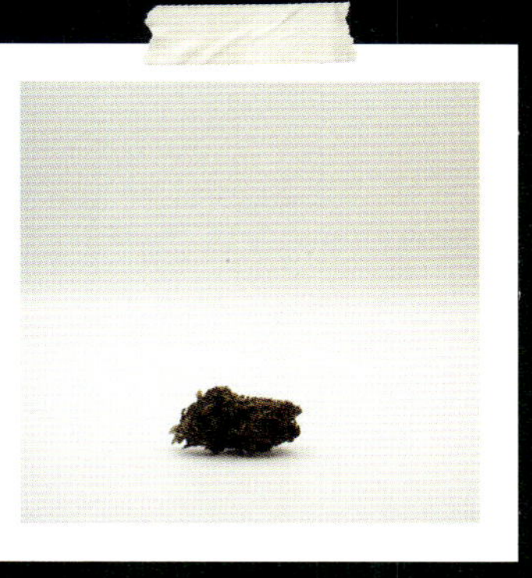

Näher ...

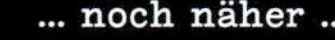

... noch näher ...

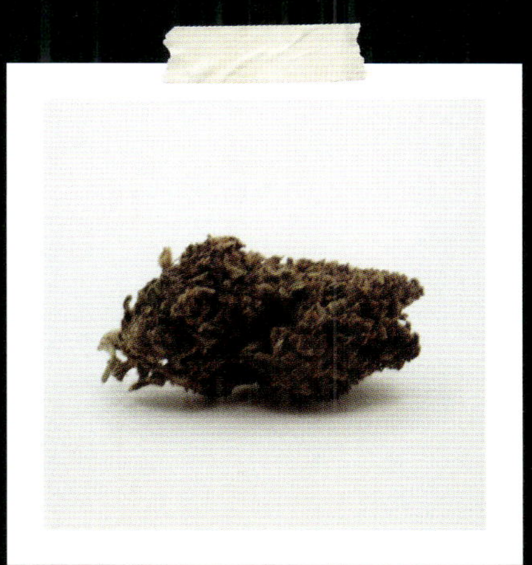

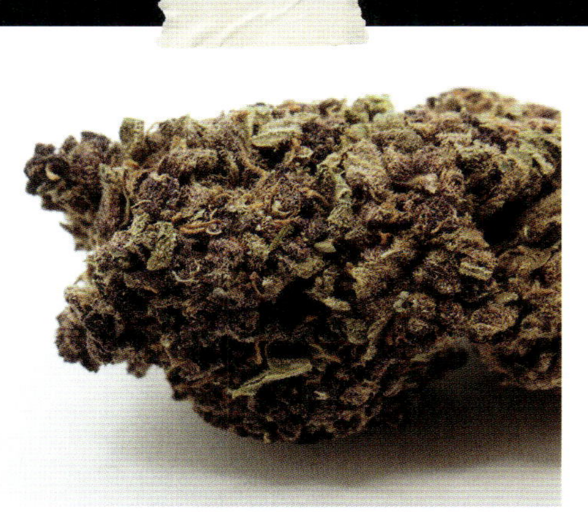

Voilà!

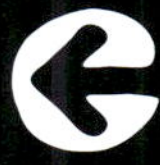

Hierbei handelt es sich um CBD-Blüten – also in Deutschland und Österreich legal verkauftes Hanf ohne psychoaktive Wirkung.

TIERFOTOGRAFIE

Die Kryptozoologie ist ein Bereich der Forschung, der sich mit Tieren beschäftigt, die als ausgestorben gelten oder bisher noch nicht wissenschaftlich beschrieben wurden. Bis heute ist es beispielsweise nicht ganz geklärt, ob der Tasmanische Wolf tatsächlich ausgestorben ist. Im Jahr 2005 brach die australische Zeitschrift „The Bulletin" eine wahre Abenteurerflut vom Zaun, als sie eine Belohnung von 750.000 Euro für den Beweis eines lebenden und unverletzten Tieres aussetzte. Natürlich hat ein Farmer das Tier fotografiert, allerdings so verschwommen und stümperhaft, dass der angebliche tasmanische Wolf nicht von einem abgemagerten Fuchs zu unterscheiden war.

Das Ausmaß, mit dem Tierliebhaber ihre geliebten Haustiere verehren, nimmt heutzutage immer bizarrere Formen an. So lassen Hundeliebhaber ihre Vierbeiner nach dem Ableben ausstopfen, stellen Grabsteine für sie auf und schrecken nicht davor zurück, Medaillons mit Haaren und anderem tierischem Material herzustellen. Der Markt für schöne Hundefotos ist also groß.

Bitte sehen Sie davon ab, wilde Löwen, aggressive Elefantenmütter oder Grizzlybären in ihrer freien Wildbahn zu fotografieren.*

* Denken Sie daran: Auch Kühe sind domestizierte Wildtiere. Wenn es darum geht, ihre Nachkommen zu schützen, unterscheidet sich ihr Angriffsverhalten keinen Deut von einem bengalischen Tiger.

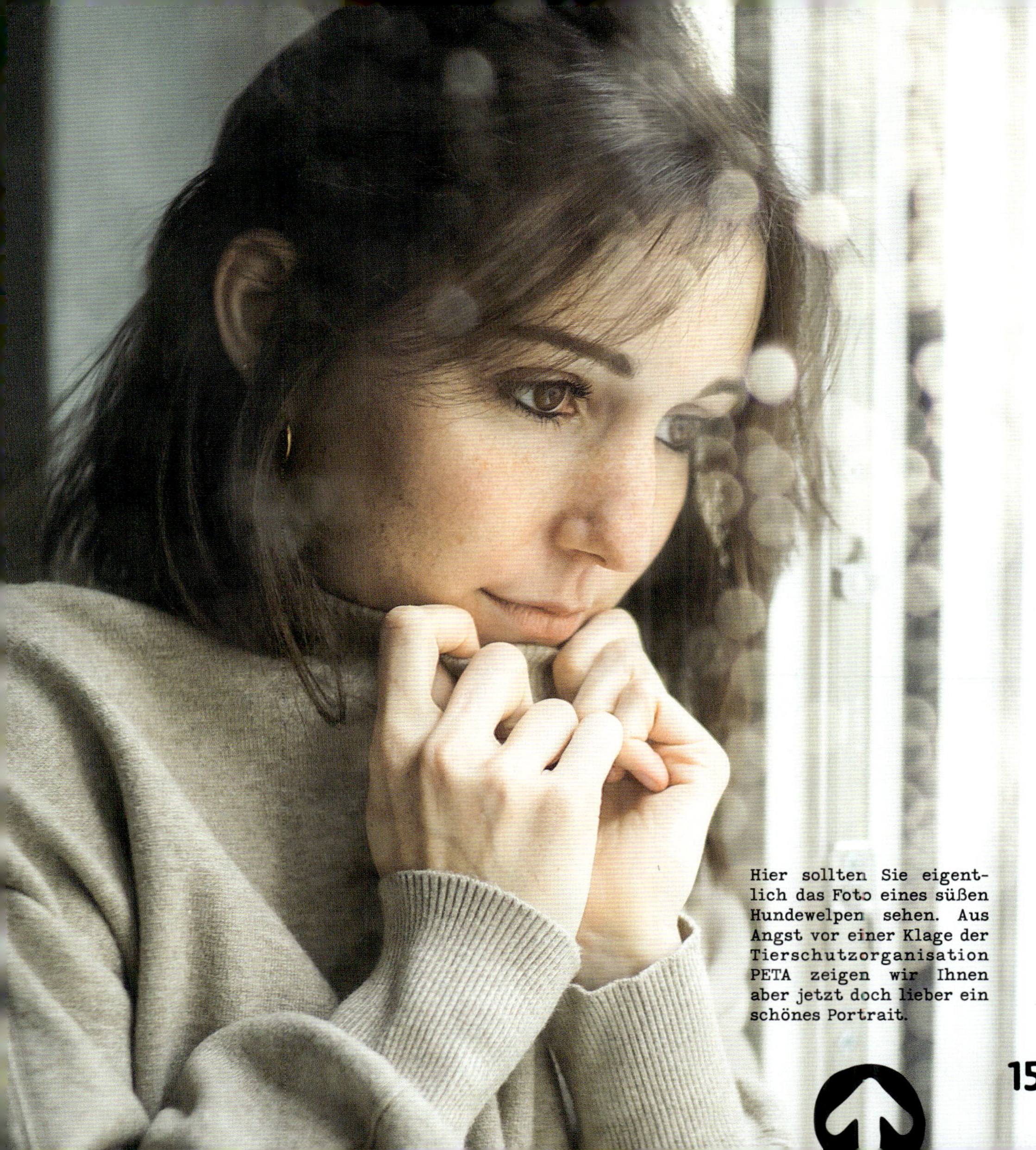

Hier sollten Sie eigentlich das Foto eines süßen Hundewelpen sehen. Aus Angst vor einer Klage der Tierschutzorganisation PETA zeigen wir Ihnen aber jetzt doch lieber ein schönes Portrait.

SO WIRD ES GEMACHT

„Klar war die Ausrüstung teuer und ich mache keine besseren Bilder dadurch. Aber ich habe jetzt mehr Spaß an meinen schlechten Bildern.“

Heiko Kanzler

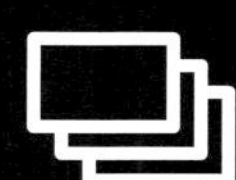

1. Stellen Sie eine hohe Verschlusszeit ein, um Ihren tierischen Freund scharf abzulichten. So um die 1/300 sollte das Minimum sein. Bei Bewegung wechseln Sie in den Serienbildmodus, um die Chance zu erhöhen, das Tier scharf abzulichten. Sollte es sich um ein weniger agiles Tier handeln wie etwa eine Schildkröte, dürfen Sie sich auch ruhig mit einer geringeren Verschlusszeit begnügen.

2. Wählen Sie „sichere“ Perspektiven. Der Rottweiler-Rüde kümmert sich wenig darum, ob sein Gehänge beim Herumtoben lustig durch die Gegend baumelt. Aber auch Tiere haben eine Schamgrenze.*

3. Fotografieren Sie die Tiere in ihrem natürlichem Habitat, um authentisch zu sein.

* Erinnern Sie sich an diese Worte, wenn Sie das nächste Mal einen Hund dabei betrachten, wie er sich genüsslich seine E*** leckt.

Wenn Rolf Hempel den Mond fotografiert, tut er das mit Passion. Aus über 100 Einzelbildern „baut" sich der leidenschaftliche Fotograf mithilfe einer von ihm selbst entwickelten Software ein einziges Bild zusammen, dass bis zu 1000 Gigabyte groß ist und eine enorme Detaildichte bietet.

AL LES FÜR DIE

Um den Stil alter Rokokobilder authentisch wiederzugeben, drehte der englische Regisseur Stanley Kubrick einige Szenen seines 1968 erschienenen Films „Barry Lyndon" vollständig bei Kerzenlicht. Ein Novum in den Sechzigerjahren, wo lichtüberflutete Sets zum Tagesgeschäft gehörten. Kubrick nutzte dazu ein extrem lichtstarkes f0,75 Zeiss-Objektiv, das ursprünglich für die NASA entwickelt wurde, um „the dark side of the moon" zu fotografieren. Zusätzlich wurden Kerzen mit mehreren Dochten und Kronleuchter mit Reflektoren angefertigt. Der Meisterregisseur frohlockte über den Charme der Bilder, während es für den Kameramann und Schärfezieher der reinste Horror war, unter diesen widrigen Umständen den Fokus zu halten.

AU TH EN TI ZI TÄT

UNBEGRENZT

MÖGLICHKEITEN:

Die Bildmanipulation hat nicht erst seit der digitalen Revolution Einzug in die Fotografie gehalten. Seit es die Fotografie gibt, wird mit Wonne manipuliert, gefälscht und verschleiert. Bereits vor über 150 Jahren, 1860, wurde beispielsweise der Kopf von Abraham Lincoln auf einen anderen Körper montiert, und von politischen Motiven wurden nachträglich gerne Menschen entfernt, was den Pionieren in der Dunkelkammer trotz beschränkter Mittel oft erstaunlich kunstfertig gelang. Heute sind die Möglichkeiten der Manipulation schier grenzenlos, wenn man etwa an Peter Cushings virtuelle Wiederauferstehung in „Rogue One: A Star Wars Story" denkt, oder mittels Hologrammen durchgeführte Livekonzerte verstorbener Sänger und Musiker. In visueller Hinsicht scheint also nahezu alles möglich. Die einzige Frage, die bleibt, ist, warum es bis dato keine einzige realistische Perücke für das Haupthaar von Nicolas Cage gibt.

95 % der Portraitfotos, die junge Menschen heute in den sozialen Medien posten, haben mit der Realität ungefähr so viel zu tun wie Tommy Wiseaus Performance in „The Room" mit Schauspielkunst.

PAPPARAZZI-FOTOS

Als König der Paparazzi gilt der italienische Pressefotograf Rino Barillari. Ob Frank Sinatra, Audrey Hepburn oder Barack Obama – Barillari lichtete sie alle ab. Aufgrund seines aufdringlichen Fotostils musste er 160 Mal in die Notaufnahme und brach sich im Laufe seiner Karriere elf Rippen. 76 Fotokameras haben den Beruf nicht überlebt.

Es ranken sich viele Mythen und Geheimnisse um jene getriebenen Geister, die sich selbstlos in Autos einigeln, sich als Taxifahrer ausgeben oder sich mit Teleskopobjektiven tagelang auf die Lauer legen, um ein Foto eines Prominenten zu erhaschen. Gut möglich, dass ein Paparazzo vor 30 Jahren gut verdient hat, wenn er Kim Basinger im Morgenmantel oder den Bauchspeck von John Travolta für die Nachwelt konservieren konnte. Heutzutage sind Paparazzi eine aussterbende Rasse. Auf Instagram, TikTok und Twitter zeigen die Stars von heute intime Bilder, die selbst Paparazzi die Schamesröte ins Gesicht treiben würden.

FOTOGRAFEN IM WANDEL DER

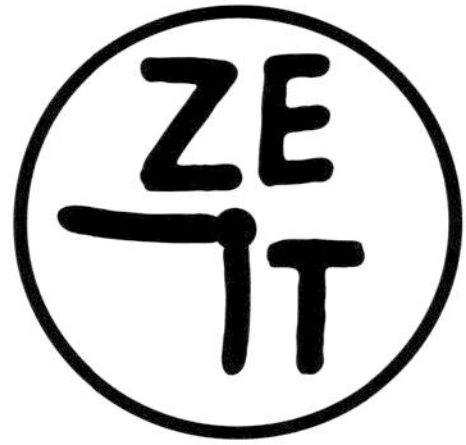

In der Nachbearbeitung lassen sich Farben nahezu beliebig verändern und anpassen, um die Aufmerksamkeit zu lenken und Stimmungen zu kreieren. Björn Susen (Oberbeleuchter bei der Netflix-Serie „Dark") erzählt in einem Interview, dass heutzutage die Aufnahmen bereits während des Drehs mit einem „Look" versehen werden. Dazu werden sogenannte „LUTs" (Lookup Tables) erstellt, mithilfe derer der Regisseur das Material bereits am Monitor in „Filmqualität" sehen kann.

Früher waren Fotografen Menschen, die Fotos machten. Ihre Namen wurden mit ihren Werken assoziiert wie Robert Franks „Amerika", Annie Leibovitz' „Portraits", Peter Lindberghs „Musen" oder Trude Fleischmanns progressive Akte.

Heute fotografiert man eine Weile, dann bringt man seine Presets auf den Markt, gibt Workshops, wechselt zum Business Coach und endet schließlich als Motivationstrainer, der Bücher mit peinlichen Titeln wie „Du schaffst es" oder „Glaub an dich" schreibt.

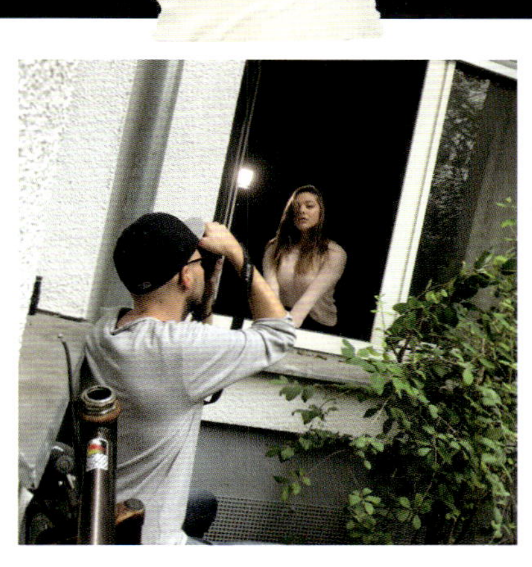

Setzen Sie das Licht überlegt und eine Nachbearbeitung erübrigt sich.

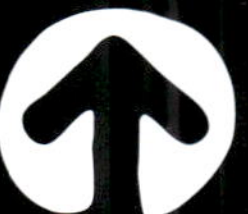

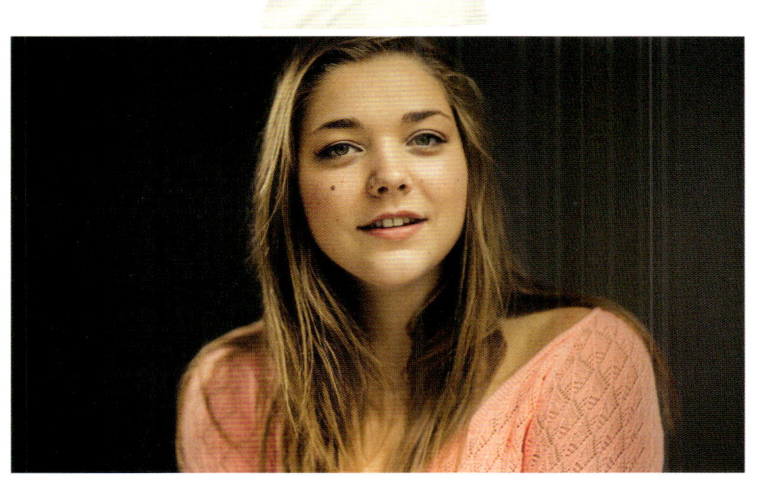

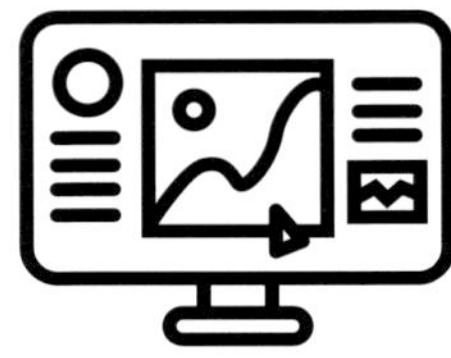

DIE NACHBEARBEITUNG

Widerstehen sie dem Drang, alles mit Offenblende zu fotografieren. Später werden Ihnen die „Informationen“ abseits des Motivs womöglich wichtiger sein als die „2 cm Schärfentiefe“ der Menschen. In ein paar Jahren sind es die Vorhänge und Wandbilder, die Sie vergnügt betrachten; die Kleidung der Anwesenden oder das Buchregal im Hintergrund. Merke: Werden Sie hin und wieder zum Chronisten und wählen Sie Blende 11.

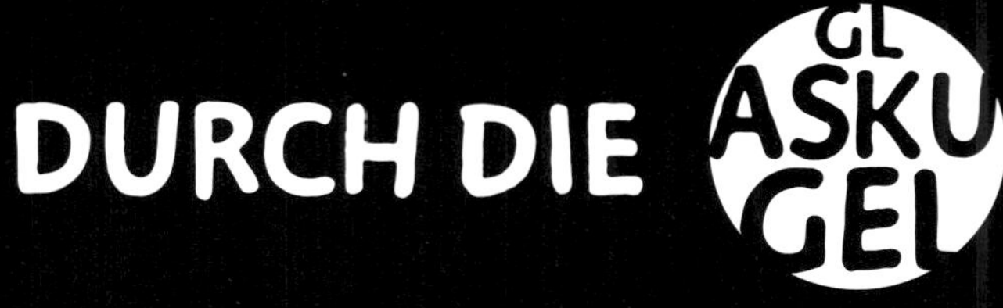

DURCH DIE GLASKUGEL

Schon bald werden (und tun es bereits) intelligente Software-Programme in so großem Maße in die Fotografie Einzug halten, dass es ganz egal sein wird, zu welcher Uhrzeit Sie das Foto machen. Eine künstliche Intelligenz wird Ihre Komposition analysieren und beispielsweise Wettereffekte sowie Lichtsituationen völlig selbstständig errechnen. Das Einhalten von Kompositionsregeln wie Kadrierung oder der Goldene Schnitt werden weitestgehend obsolet werden – das Programm zielt für sie auf den größtmöglichen ästhetischen Effekt. In Zukunft wird es für jeden Menschen, ob Laien oder professionellen Fotografen, einfacher als je zuvor sein, beeindruckende Ergebnisse mit viel Wow-Effekt zu erzielen. Sie werden also in Zukunft nicht mehr durch wunderschöne Fotos auffallen, sondern eher durch minderwertige.*

* Ein Grund mehr, warum Sie dieses Buch auch in Zukunft brauchen werden.

Oft reichen 3 Parameter aus, um Ihrem Bild das nötige „Etwas" zu verleihen:

1. das Bild etwas entsättigen,
2. den Kontrast etwas erhöhen,
3. etwas nachschärfen.

Damit kommen Sie ziemlich weit.

Machen Sie sich erst gar nicht die Mühe, vorzusortieren oder gar einzelne Bilder zu bearbeiten. Am Ende wird Ihr Modell ohnehin jene völlig missratenen Abzüge auswählen, in denen augenscheinlich weder das Licht, die Pose oder die Körperspannung passen. Aber Hauptsache, „die Haare fallen so schön".

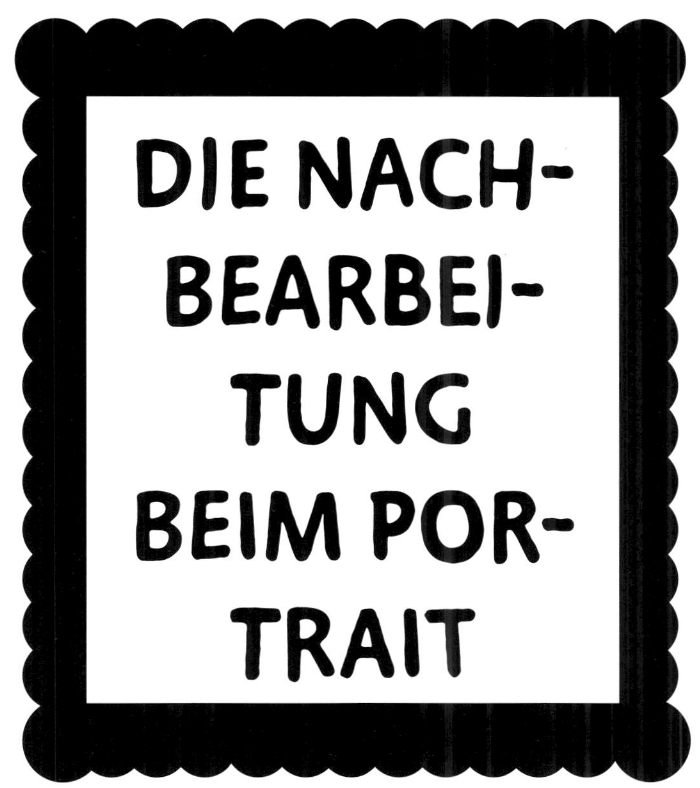
DIE NACH-
BEARBEI-
TUNG
BEIM POR-
TRAIT

Alles hat einmal ein Ende.
Auch dieses Buch.*

Der große Fotograf Helmut Newton ist zum Abendessen in ein schickes Restaurant eingeladen. Der Sternekoch gratuliert: „Also Ihre Bilder, wirklich, die sind großartig. Sie haben sicher eine super Fotoausrüstung, oder?" Nach dem Essen lässt Newton den Koch an den Tisch kommen: „Also, wirklich, das Essen war ausgezeichnet. Sie haben bestimmt die besten Pfannen in Ihrer Küche, oder?"

DAS GIMMICK FÜR FOTOGRAFEN: DER VIEWFINDER

Kinofans kennen die Fotos von bekannten Regisseuren, auf denen sie am Filmset stehen und durch ein kleines Objektiv, den sogenannten Viewfinder, gucken. Steven Spielberg lässt sich gern so ablichten, ähnlich wie Stanley Kubrick oder Christopher Nolan. Der Viewfinder dient zur Bemessung der Brennweite und rahmt eine Szene. Regisseure visualisieren somit ihre nächste Einstellung.

* „Tausend Dank." – Anm. des Herausgebers

- An der gestrichelten Linie ausschneiden
- Durchgucken und sofort das fertige Foto sehen!
- Brennweite: ca. 50mm

WAS MACHT DENN NUN EIN GUTES FOTO AUS?

„Dann würde ich ein kleines Online-Geschäft führen, das merkwürdige, unbrauchbare Erfindungen verkauft. Der Magnum-Fotograf Alec Soth auf die Frage, was er machen würde, wenn er nicht Fotograf geworden wäre.

Wenn man das Zitat von Alec Soth zu Rate zieht, ist die Hobbyfotografie tatsächlich ein ziemlich harmloser Zeitvertreib. Irgendjemand macht Fotos, andere schauen sich diese Fotos an und urteilen darüber. Wenn der Horizont schief ist, wird gemeckert, aber wenn der Horizont schief ist, weil es der Vision des Künstlers entspricht, wird das Foto abgefeiert. Es ist alles — wie so oft — eine Frage des Standpunkts.

Vielleicht sollte man die Bezeichnungen „gut" und „schlecht" ganz streichen, wenn man über die Fotografie spricht. In einer Zeit, in der es nur noch Extreme zu geben scheint, wäre das ein Anfang. Aber vergessen Sie nicht den Spruch, wonach der Unterschied von intelligent und dumm jener ist: Der Intelligente kann sich dumm stellen. Umgekehrt ist es um ein Vielfaches schwieriger.

Lernen Sie also von guten Fotografen und gehen Sie raus, um zu fotografieren. Es ist ein schönes Hobby.

Ein letzter Witz:
„Hey, was machen Sie denn da? Angeln im Rhein ist hier verboten. Und überhaupt würden Sie hier keine Fische finden, bei den Chemikalien, die hier drin sind.“

„Ich angle auch nicht, ich entwickle meine Fotos.“

HIER IST PLATZ FÜR IHR LIEBLINGSFOTO

(Bitte keine Lofoten-Bilder, Lost-Place-Fotos oder Selfies*)

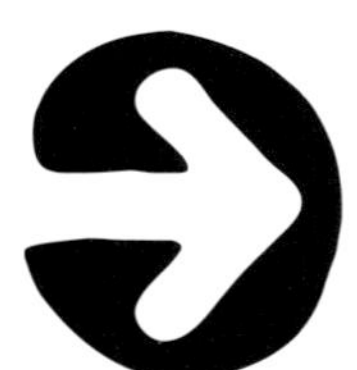

* Außer Sie heißen Neil Patrick Harris

DA
NK
SAG
UNG

An Nicolas Cage, der immer wieder zur Zielscheibe unseres Spotts wird. Wir lieben dich, Junge! Du bist und bleibst einer der kreHaartivsten Schauspieler Hollywoods.

An alle Fotografen, die so unterdurchschnittlich stümperhaft fotografieren, dass Sie uns zu diesem Buch inspiriert haben ...

... und natürlich an alle Leserinnen und Leser unserer Reihe, die uns schon seit Anbeginn begleiten. Da kommt noch mehr! Versprochen!*

Ein großer Dank geht natürlich auch an all die Menschen, die wir fotografieren durften. Ihr seid nun auf ewig in diesem zweifelhaften Büchlein verewigt :)

* „Ist das eine Drohung?“ -Anm. des Herausgebers

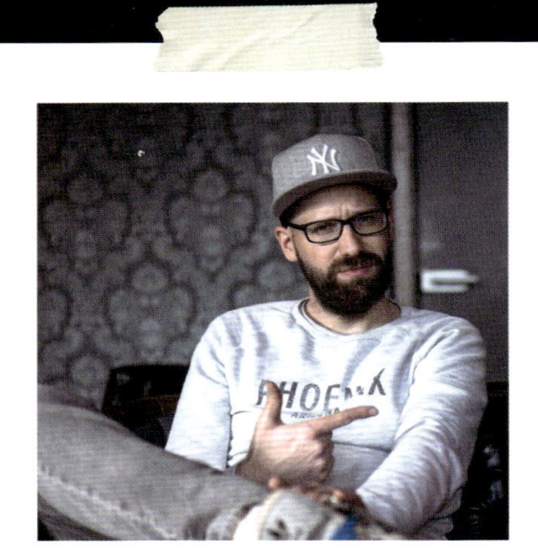

Franz Zwerschina ist leidenschaftlicher Leser, Autor und Fotograf. In seiner Freizeit sammelt er außergewöhnliche Bücher und alte Videospiele. Er faulenzt gern und sinniert dabei darüber, wie es wohl wäre, Nicolas Cage zu sein.

FRANZ

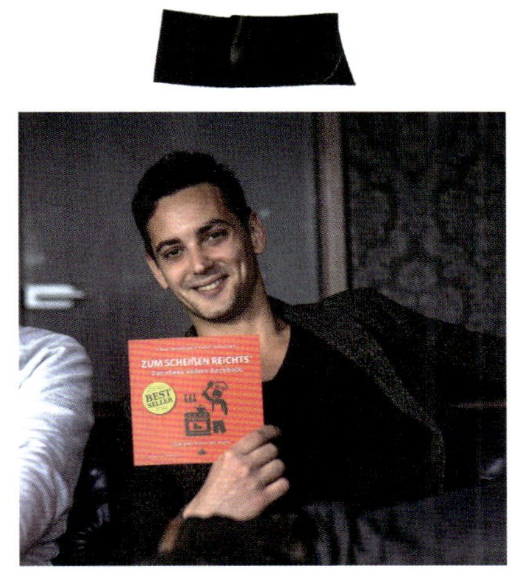

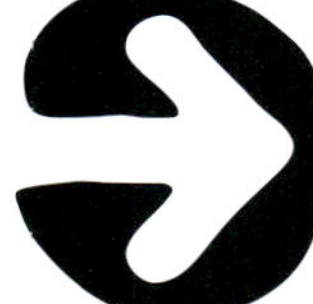

Rafael Bettschart ist Creative Director und Filmemacher. Er hat keine Hobbys und wundert sich über Franz, wo er die Zeit zum Faulenzen hernimmt.

RAFAEL

ZUM VÖGELN REICHTS
DER ETWAS ANDERE DATING-GUIDE

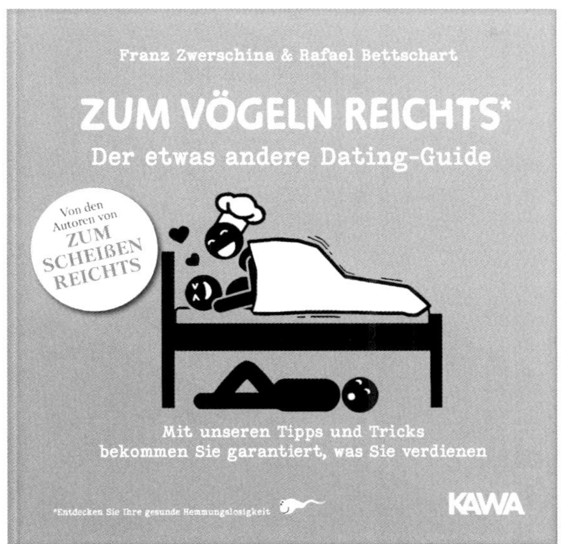

Das frechste Dating-Buch des Jahres! Mit jeder Menge Tipps, witzigen Anekdoten, popkulturellen Reminiszenzen und einer doppelten Portion Sarkasmus bieten die beiden Autoren eine freche und charmante Alternative zum gewöhnlichen Dating-Guide.
ISBN: 978-3947738946

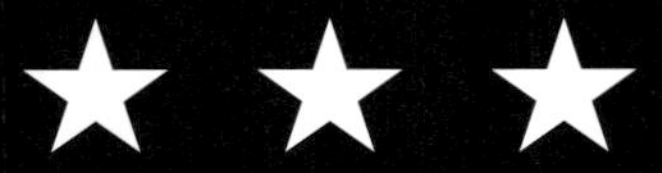

IHNEN HAT DAS BUCH GEFALLEN?

Wenn ja, beweist das eindeutig Ihren guten Geschmack. Es wäre toll, wenn Sie uns bei dem Online-Shop eine Bewertung geben, bei dem Sie das Buch bestellt haben. Oder Sie schreiben uns bei Ihrem Lieblings-Buchportal eine Rezension. Wir freuen uns immer, Meinungen zu unseren Werken zu lesen. Es hilft uns dabei, weitere Ideen umzusetzen und neue Leserinnen und Leser für unsere Bücher zu finden. Ach ja, sollten Sie das Buch überhaupt nicht gelesen oder es gar aus der Toilette eines Bekannten (dort liegen unsere Bücher für gewöhnlich) gemopst haben, dann schämen Sie sich :).

Beste Grüße von Franz und Rafael

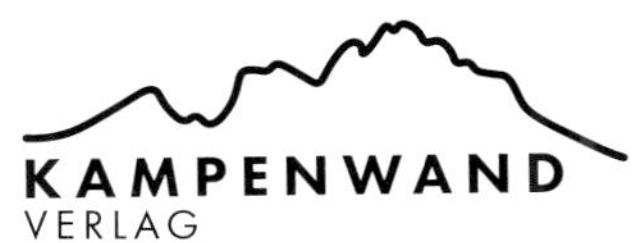